Heidrun Friese
Flüchtlinge: Opfer – Bedrohung – Helden

D1731777

XTEXTE

Heidrun Friese

Flüchtlinge: Opfer – Bedrohung – Helden

Zur politischen Imagination des Fremden

[transcript]

Bibliografische Information der Deutschen Nationalbibliothek

Die Deutsche Nationalbibliothek verzeichnet diese Publikation in der Deutschen Nationalbibliografie; detaillierte bibliografische Daten sind im Internet über http://dnb.d-nb.de abrufbar.

© 2017 transcript Verlag, Bielefeld

Umschlaggestaltung: Kordula Röckenhaus, Bielefeld
Korrektorat: Ole Gerlach, Billerbeck
Satz: datagrafix, Berlin
Druck: Majuskel Medienproduktion GmbH, Wetzlar
Print-ISBN 978-3-8376-3263-7
PDF-ISBN 978-3-8394-3263-1
EPUB-ISBN 978-3-7328-3263-7

Gedruckt auf alterungsbeständigem Papier mit chlorfrei gebleichtem Zellstoff.
Besuchen Sie uns im Internet: *http://www.transcript-verlag.de*
Bitte fordern Sie unser Gesamtverzeichnis und andere Broschüren an unter: *info@transcript-verlag.de*

Inhalt

Vorwort

Einige Abschnitte der folgenden Überlegungen sind unter dem Titel ›Representing the Foreigner. Gender and Mobilities in the Mediterranean‹ im Sonderband des *Journal of Balkan and Near Eastern Studies* (2017) veröffentlicht und werden in dem von Christoph Rass und Melanie Ulz herausgegebenen Band *Migration ein Bild geben. Visuelle Aushandlungen von Diversität* (Wiesbaden, Springer VS) im Herbst 2017 erscheinen.

Auch hatte ich Gelegenheit, das hier entwickelte Argument vorzustellen und zu diskutieren – beim von Anna Arnone organisierten Workshop ›Lampedusa, Caught Between Shipwreck and Tourism‹ am *Centre for Migration and Diaspora Studies and MA Anthropology of Travel, Tourism and Pilgrimage, SOAS*, London; im Kontext der von Max Spielmann organisierten Konferenz ›*Not-Established‹ am *HyperWerk* der *Hochschule für Gestaltung und Kunst*, Basel; beim Vortrag ›Hospitality‹ in der Reihe »Boundaries, Bodies, and Politics: the ›Refugee Crisis‹ and the New Europe« am *MPI for Social Anthropology and Institute for Social and Cultural Anthropology* in Halle, das von Sung-Joon Park, Sandra Calkins, Ronn Müller und Sylvia Terpe durchgeführt wurde; beim Workshop ›Borderscapes, Memory and Migration‹ von Karina Horsti (*University of Jyväskylä*) am *Finnland-Institut* in Berlin; bei dem Seminar ›Gastfreundschaft‹ an der *Universität der Künste*, Berlin, zu dem Katrin Wendel und Flora Talasi eingeladen hatten und schließlich bei dem von Leyla Dakhli organisierten Treffen ›Lampedusa, un lieu de mémoire en Méditerranée‹ am *Centre Marc Bloch* in Berlin. Allen Beteiligten bin ich für Einladung, Anregungen und Hinweise zu herzlichem Dank verpflichtet.

Die folgenden Bemerkungen berufen sich ebenso auf die *Grenzen der Gastfreundschaft* (erschienen bei transcript 2014). Das letzte Jahr hat viele Bilder von Gastfreundschaft und Ungastlichkeit hervorgebracht, denen hier nachgegangen werden soll. Mein Dank richtet sich an Johanna Tönsing und Carolin Bierschenk, die mich in der Ausarbeitung des Arguments bestärkt und unterstützt haben und die, wie Ole Gerlach, viel Geduld aufbringen mussten.

Gewidmet sind die folgenden Zeilen den Freunden und Pippo Di Falco, dem alten Weggefährten, der auch das nächste Abenteuer begleitet – Genova, eine Stadt, die auf das Mittelmeer blickt.

Firenze, Borgo Albizi im März 2017

Fremdlinge, sagt, wer seid ihr? Von wannen trägt euch die Woge?
Habt ihr wo ein Gewerb', oder schweift ihr ohne Bestimmung
Hin und her auf der See: wie küstenumirrende Räuber,
Die ihr Leben verachten, um fremden Völkern zu schaden?
Also sprach der Kyklop. Uns brach das Herz vor Entsetzen
Über das rauhe Gebrüll, und das scheußliche Ungeheuer.
Dennoch ermannt' ich mich, und gab ihm dieses zur Antwort:
Griechen sind wir, und kommen von Trojas fernem Gestade,
Über das große Meer von mancherlei Stürmen geschleudert,
Als wir ins Vaterland hinsteuerten: andere Fahrten,
Andere Bahnen verhängt' uns Kronions waltende Vorsicht!
Jetzo fallen wir dir zu Füßen, und flehen in Demut:
Reich' uns eine geringe Bewirtung, oder ein andres
Kleines Geschenk, wie man gewöhnlich den Fremdlingen anbeut!
Scheue doch, Bester, die Götter! Wir Armen flehn dir um Hilfe!
Und ein Rächer ist Zeus den hilfeflehenden Fremden,
Zeus der Gastliche, welcher die heiligen Gäste geleitet!
Also sprach ich; und drauf versetzte der grausame Wütrich:
Fremdling, du bist ein Narr, oder kommst auch ferne von hinnen!
Mir befiehlst du, die Götter zu fürchten, die Götter zu ehren?
Wir Kyklopen kümmern uns nicht um den König des Himmels,
Noch um die seligen Götter; denn wir sind besser, als jene!
HOMER, DIE ODYSSEE (ÜBERS. JOHANN HEINRICH VOSS)

Die ganze Heerschar der Barbaren ging zugrund
AISCHYLOS, DIE PERSER

Szenen: Das Argument

> Europa ist buchstäblich das Werk der
> Dritten Welt.
> FRANTZ FANON, DIE VERDAMMTEN DIESER ERDE

> I poveri del mondo non vogliono più vivere
> in modo disumano.
> KARDINAL ANGELO BAGNASCO, 23. AUGUST 2015

Strandbild. Am Strand von Bodrum, Türkei, Ferienparadies: eine bäuchlings angeschwemmte Kinderleiche. So sterben Kinder an einer Grenze Europas. Das Gesicht im Sand, blaue Hose, rotes Hemd, Kinderschuhe. Die Welt erfährt seinen Namen, Alan Kurdi. Das Bild wird zur Ikone. Die Photographin Nilüfer Demir erlebt plötzlichen Weltruhm und gibt Entsetzen zu Protokoll. Noch ein Bild, das Ruhm und Prominenz absichert: Der als chinesischer Dissident weltweit geschätzte Künstler Ai Weiwei legt sich am Strand von Lesbos, wo er medienwirksam das Flüchtlingstreiben besichtigt, bäuchlings in den Sand. Mimesis und Serie als Kunstkonzept. Wie er nach dem ästhetisch gelungenen Shooting aufsteht, sich den Sand von Hose und Hemd schüttelt, sehen wir nicht. Hat er in die Kamera gelächelt?

*

Reiselust. Die Menge brüllt »Wir sind das Volk«. Man sieht zur Faust geballte Hände, in einem Bus ein weinendes Kind, eine aufgebrachte Frau. Ein Jugendlicher wird von einem Polizisten aus dem Bus gezerrt. Bilder, die man kaum noch erinnert: Sturm auf Botschaften

1989 in Prag. Flüchtlinge, die über Zäune klettern. Zelte im Botschaftsgarten. Tanz auf der Mauer. Grenzen fallen. Sonnenurlaub gibt es jetzt all-inclusive an türkischen oder tunesischen Stränden, sein Glück woanders zu suchen, wird möglich. Diejenigen, die sich ohne Mauer und Schießbefehl frei durch die Welt bewegen dürfen, sammeln sich seit dem Winter 2014 zu fremdenfeindlichen Umzügen gegen die ›Flut‹, gegen die Invasoren und fordern neue Mauern, die ausschließen, was eingeschlossen ist. Diese Vorstellungswelt meint, die Geschichte sei noch etwas schuldig geblieben und eine Rechnung offen. Souveränität hat immer schon über Leben, Tod und Sterben geherrscht. Im Frühjahr 2015 brennen Unterkünfte für Flüchtende. Der Lynchmob hetzt durch die Städte Deutschlands. Das Fremde soll ausgelöscht werden.

Bilder, die man nicht sieht: Vor hundert Jahren hat man in vielen Orten des Erzgebirges von der Baumwolle gelebt, die von einst nach Amerika verschleppten Afrikanern auf den Plantagen des Südens gepflückt wurde oder von den Feldern der muslimischen Welt kam. Heute, auf den südeuropäischen Feldern: gekrümmte Rücken, Körper die sich in sengender Hitze bücken. Kisten voller Tomaten. Junge Männer in zusammengezimmerten Hütten, Plastikplanen, prekäre Behausungen, die man eher im fernen Afrika vermutet. 80 Prozent der Tagelöhner, die für den Handel und die großen Supermärkte Tomaten oder Erdbeeren pflücken, arbeiten schwarz, haben keine Aufenthaltspapiere und können keine Rechte einklagen. Oft wird die Schufterei gar nicht bezahlt. Die Arbeiter kommen aus Albanien, Rumänien oder über das Meer aus Marokko, Algerien, Tunesien, Nigeria, Senegal, Mali. Um das größte Aufnahmelager in Europa im sizilianischen Mineo, einem Ort, der lang mit einer amerikanischen Militärbasis lebte, hat sich ein neuer Markt entwickelt. Arbeitskräfte aus Afrika gibt es dort für zwei Euro die Stunde. Die Agromafia setzt im Jahr ca. 2.5 Milliarden Euro um. Es verdienen private Arbeitsagenturen, *tour operators*, die Arbeiter auf die Felder schaffen. Bekannt ist das System unter dem Namen *capolarato*. Man schätzt, dass 40.000 Tagelöhner allein in Apulien diesem System ausgesetzt sind. Ein *caporale* verdient ungefähr 10.000 Euro am Tag.[1] Der Kunde in Europa kann sich günstige Erdbeeren und Tomaten leisten und gegen ›Illegale‹, ›Wirtschaftsflüchtlinge‹ und ›Sozialschmarotzer‹ wüten.

*

Io sto con la sposa. Dokumentarfilm von Antonio Augugliaro, Khaled Soliman Al Nassiry und dem Aktivisten und Blogger Gabriele del Grande aus dem Jahr 2014. Der Film begleitet die beschwerliche Reise von Flüchtlingen von Mailand bis Schweden. Die Gruppe gibt sich als Hochzeitsgesellschaft aus und so muss die Protagonistin im Hochzeitskleid die alten Schmuggelwege von Ligurien nach Frankreich erklimmen, damit der Zuschauer von der Not der Flüchtenden überzeugt und ergriffen wird. Die nächste Etappe bringt die Gruppe über die Grenze zwischen Luxemburg und Deutschland. Ausgestattet mit konspirativen Mobiltelefonen, spielen die Aktivisten die Rolle von heroischen Flüchtlingshelfern, welche die Gefahr des Unternehmens auf sich nehmen. In Schweden angekommen, darf die Gruppe am Bahnhof tanzen und alle freuen sich über den gelungenen Coup. Tatsächlich feiern die heroischen Aktivisten gegen die Festung Europa sich selbst, die Flüchtenden werden zu Schaustellern und können nichts anderes, als die Rolle des hilfsbedürftigen Flüchtlings aufzuführen.

*

Orte und Bewegung. Fliehen vor einer in der Gegenwart schon aufgebrauchten Zukunft. Busse, Eisenbahnschienen, Schiffe, Körper. Orte, die sich verbinden, Menschen, die Grenzen überschreiten. Afrika, der Atlantik, der nahe Osten, Afghanistan, Iran, Irak, Europa und das Mittelmeer. Das sind auch postkoloniale Beziehungen: Eritrea, Somalia, Libyen waren einst italienische Kolonien, Nordafrika, die Länder der Subsahara verteilt an Frankreich, das Vereinte Königreich, Belgien, Portugal, Deutschland. Nun wird Europa von seiner verdrängten Vergangenheit eingeholt. Mobilität verschiebt sich und die Wege der Auswanderung verlaufen nicht mehr von Nord nach Süd. Die Menschen kommen aus Kriegsgebieten oder den einstigen Kolonien, die von korrupten Eliten und diktatorischen Regimen beherrscht werden, mit denen das postkoloniale Europa beste Beziehungen unterhält. Möglichkeiten, sich durch die Welt zu bewegen, Träumen zu folgen und sich an einem anderern Ort niederzulassen, sind ungleich verteilt.

*

Bilder von Mobilität, die einstigen Symbole: Koffer und Eisenbahnschienen. Heute: Thermodecken, Rettungswesten und Mobiltelefone. Habseligkeiten und das, was wichtig ist. Schienen, die Weg und

Richtung des Kommenden vorgeben und immer auch etwas in einer Vergangenheit zurücklassen. Aufbruch, Auflehnung gegen eine Gegenwart, die kaum das Überleben und schon gar keine Zukunft sichert. Kriegszeiten. Warten. Am Bahngleis, auf Bänken, auf Feldern, Mülldeponien, zwischen Stacheldraht, gestrandet bis es weitergeht oder endet. Einrichten im Exil.

*

Die uns in einer Endlosschleife vorgeführten Bilder von Geflüchteten lenken die Aufmerksamkeit darauf, wie Flüchtende gesehen werden. Sie etablieren unterschiedliche Figuren, schaffen politisch wirksame Bilder, die mobile Menschen entweder als bedrohlichen *Feind*, als *Opfer* oder als *Heroen* und *Befreier* zeichnen.

Diese medialen Inszenierungen sind Teil der öffentlichen Auseinandersetzung um diejenigen, die sich aus unterschiedlichsten Beweggründen auf den Weg machen, ihr Leben wagen und auch nach Europa kommen, Aufnahme suchen, Gastfreundschaft, Anerkennung und Rechte, Freiheit und Zukunft. Sie werden gebraucht, zirkulieren im globalen Medienraum, durchkreuzen sich, sie begründen, stützen, legitimieren Politiken und die juristische Unterscheidung zwischen Flüchtenden und Flüchtenden, zwischen Mobilität und Mobilität, sie konsolidieren Identitätspolitiken und sollen Konsens und Einvernehmen schaffen.

Sie erinnern jedoch auch an ein altes und verzweigtes Erbe Europas, das sich aus kulturell-religiöser Mischung, unterschiedlichen Sprachen speist und die Dezentrierung, die »Exzentrizität« Europas deutlich macht.[2] Papst Franziskus, Sohn eines Emigranten aus dem Piemont, der von sich sagt, er sei vom Ende der Welt gekommen, in seiner Predigt auf Lampedusa im Jahr 2013:

»Gott fragt: ›Adam, wo bist Du?‹ Und Adam ist verwirrt und hat seinen Platz in der Schöpfung verloren, weil er glaubt, mächtig geworden zu sein, alles dominieren zu können, Gott zu sein. Und die Harmonie zerbricht, der Mensch irrt und das wiederholt sich auch im Angesicht des anderen, der nicht mehr ein zu liebender Bruder ist, sondern nur noch jemand, der mein Leben, meinen Wohlstand stört. Und Gott stellt die zweite Frage: ›Kain, wo ist Dein Bruder‹? Aber ich würde gerne noch eine dritte Frage stellen: ›Wer von uns hat im Angesicht [des Todes dieser Menschen] geweint?‹ Wer hat um den Tod der Brüder und Schwestern geweint? Wer hat um die Menschen auf diesem

Schiff geweint? Um die jungen Mütter, die ihre Kinder dabei hatten? Um die Männer, die versuchten, ihre Familien zu unterstützen? Wir leben in einer Gesellschaft, in der die Erfahrung des Weinens vergessen wurde, des Mit-Leidens: Die Globalisierung der Gleichgültigkeit hat uns die Fähigkeit genommen zu weinen! Im Evangelium hören wir den Schrei, das Weinen, das Lamento. ›Rachel weint um ihre Kinder… weil sie nicht mehr sind‹. Herodes hat Tod gesät um seinen Wohlstand zu verteidigen. Und das wiederholt sich.« (Radio Vatikan 2016)

Nun ist die Frage,»warum wir nicht jedes Leid beklagen« (Butler 2010), untrennbar mit der – politischen – Frage verbunden, welches Leben zählt, wer überhaupt als Mitmensch anerkannt, wem das Menschsein abgesprochen und wer, einmal der Mitmenschlichkeit entkleidet und aus der Gemeinschaft ausgeschlossen, öffentlich zum Feind erklärt wird. Die»Lega Nord«, so Mons. Nunzio Galantino, Generalsekretär der italienischen Bischofskonferenz (Cei) in einem Interview,

»hat das Kreuz verteidigt, solang es an der Wand hängt, sobald es aufhört, nur ein Bild zu sein und von der Wand herunterkommt und zu einem leidenden Antlitz wird, das an meine Tür klopft, jemand der wohlmöglich nicht gut riecht, weil er über das Meer gekommen ist, dann ist es nicht mehr angenehm. Welche Glaubwürdigkeit hat eine solche politische Kraft? Das Evangelium ist keine beliebige Sammlung moralischer Vorschriften«

und im Anschluss an seinen Angriff auf populistische Politiker, die mit»außerordentlich geistlosen« Bemerkungen »auf billigen Stimmenfang« gehen (Famiglia Cristiana 2015).

Bilder christlicher Nächstenliebe und der Barmherzigkeit, universaler Brüderlichkeit und Verantwortung, Bilder von unschuldigen Opfern stehen solchen gegenüber, die Invasion und Bedrohung des Wohlstands beschwören, sie mischen sich mit Ressentiment, Rassismus, imaginierter nationaler Größe und kaum verhüllter, kaum unterbrochener Herrenmenschenattitüde und ihrem Vernichtungswillen, ihrer Vernichtungslust, alten Bildern vom Anderen, dem Fremden als Parasiten, Brunnenvergifter, Ritualmörder, Frauenräuber, Frauenschänder. Christlicher Universalismus und universales Recht verschwinden in völkischem Partikularismus und seiner Sprache, die der Medienmaschine alltäglich Munition liefert.

Ethik und das Beharren auf der Einhaltung von Recht werden als ›Gutmenschentum‹ denunziert, als ob Recht – wenn schon nicht Gerechtigkeit – sich ausgerechnet am gesunden Volksempfinden auszurichten habe, das sich nicht nur in der Anonymität von Facebook an der »Firnis der Zivilisation« abarbeitet und die Heimatlosigkeit des eigenen, leeren Daseins mit Sexual- und Mordphantasien sättigt und damit im Eigenen immer schon expliziert hat, was es als Fremdes, Barbarisches, Archaisches am anderen zu sehen meint.

Während populistische Wendungen allenthalben sich die ›Sorgen der Bevölkerung‹, die Verteidigung des christlich-jüdische Abendlandes gegen den ›Ansturm‹ auf die Fahnen und die Protestplakate schreiben,[3] übertünchen – jüngst auch gern mit höheren Weihen von Dichtern und Philosophen im Raunen gegen ›Überfremdung‹ und ›Umvolkung‹ versehen – Wert- und Kultur(vergessenheit), was sich auch als sozialer Konflikt, Verteilungskampf um Ressourcen und Anerkennung ausdrückt. Das, was anderen genommen wird, wird eigentlich mir, wird uns, ja mehr, einem ganzen Volk genommen. Wir sind das Volk heißt dann: Wir sind die Opfer. Dermaßen ermächtigt, meint subjektives Empfinden sich frei machen zu dürfen von jeglicher normativen Orientierung und Verpflichtung, die jenseits des unmittelbaren Alltags und seiner Erfahrung zu liegen scheint. Posting auf Facebook, 2015:

»Und das wird net weniger mit den Flüchtlingen ganz erlich man müsste sie ins KZ packen sorry ist aber so die bekommen alles in den Arsch geblasen und wir haben dann die brille auf und müssen damit klar kommen was wir besitzen und so weiter da kann man nur ausrasten was die an geld bekommen zum Beispiel Urlaubsgeld,Bekleidungs geld, usw da bekommt man nur ein dicken hals.«[4]

Affekt verklammert qua Zugehörigkeit zu einem ›Wir‹ zustehenden Besitz, zustehendes Privileg mit dem Willen zur Vernichtung der anderen, weil ›sie‹ ungerechtfertigt (noch) bekommen, was eigentlich doch ›uns‹ zusteht. Auch das Durchscheinen dessen, was im Zusammenleben gültig schien und sich im ›sorry‹ andeutet, hält den Willen zur Vernichtung nur kurz in Schach, denn der Hinweis auf das gefühlte Faktum unberechtigter Bevorzugung derer, die nicht qua Geburt zugehören, hebt das kurze Zögern sogleich auf. Dieses Wir ist kaum Ausdruck einer Sorge, es verweigert sich vielmehr der

Ansprüche anderer auf ein menschenwürdiges Leben, es verweigert die Anerkennung anderer als Mit-Menschen, die Souveränität des Affekts beschließt nicht weniger als deren Absonderung und Auslöschung und macht nicht nur deutlich, dass die Grenzen des Sagbaren sich verschieben sondern auch, dass das Lager ein fester Bestandteil gegenwärtiger Normalität geworden ist.

Als Symptom einer tatsächlich nicht befriedeten bürgerlichen Gesellschaft und eines Populismus, der seine identitär-kulturalistischen Affekteskalation und Zorneswallungen jetzt gerne wuchtig zu platonischem *Thymos* stilisiert, wird nicht nur eine einheitliche, ethnisch homogene Nationalkultur imaginiert, die gegen Feinde, fremde Eindringlinge und gegen zur Eingliederung in den geschlossenen Kulturkörper Unwillige oder Unfähige zu verteidigen sei. Es wird Kultur gerufen und Rasse gemeint. Worum es dann geht, ist Ermächtigung im Kampf um Privilegien und die Wiederherstellung einer eindeutigen Ordnung und einer Hierarchie, in der Andere bestenfalls einen untergeordneten Platz einzunehmen angewiesen sind.

Eine weitere Position schließlich, sieht im Flüchtenden, im Fremden nicht Gefahr, Bedrohung, Aggression, sondern den Heros. »The people telling the stories of crossed borders are the heroes, as it always has been«, wie das Editorial der Online Zeitschrift *Movement. A Heroes Magazine*, eine Dokumentation der *Refugee*-Bewegung feststellt. Das Überschreiten von Grenzen soll Teil heroischer Kämpfe werden:

»Seit ein paar Jahren haben wir es durch unsere wirksamen Demonstrationen geschafft, der breiten Masse zu zeigen, was die Probleme der Europäischen Flüchtlingspolitik beinhalten. Wir haben unsere Demonstrationen und unsere Stärke mit anderen von der Gesellschaft unterdrückten Gruppen vereint. Mit den gegen Wohnungsräumungen Kämpfenden, Arbeitslosen, Arbeiter_innen und Studierenden vereint, haben wir Demonstrationen und Veranstaltungen organisiert.« (Movement 2015)

Diese drei Positionen sind zum einen religiös fundiert, sie berufen sich auf ethisch begründete universale Grundsätze und bündeln diese im Humanitarismus, zum anderen sehen sie partikulare, national zu festigenden Interessen, fordern Verständnis für die ›Sorgen‹ der durch die ankommenden Fremden bedrohten

Volksgemeinschaft, ihrer Volkswohlfahrt und artikulieren den verbreiteten Alltagsrassismus, die allgegenwärtigen Bedrohungsszenarien nicht nur des derzeitigen Populismus. Schließlich wird das Überschreiten von Grenzen zum heroischen Akt erhoben, antikapitalistischen Massenkämpfen eingeschrieben und der Flüchtende zum Befreier, der revolutionäre Subjektivität zu repräsentieren hat.

Wenn diese Pole des vorherrschenden diskursiven Kontinuums also zum einen universale Brüderschaft, humanitäre Prinzipien zum anderen Rasse und Klasse betonen, dann arbeiten sie ein Repertoire der sozialen Imagination aus, das sich aus unterschiedlichen und verzweigten Traditionen und symbolischen Ordnungen speist, diese wiederholt, weiterträgt, modifiziert, in Bewegung hält, sich – nicht zuletzt durch die mediale Kraft – transnational verbreitet und politisch wirksam wird. Zugleich produzieren diese Figuren unaufhörlich Differenz, sie produzieren den Fremden und damit zugleich das, was wir als eigene Normalität erkennen.

Gerade die soziale Imagination schafft und gestaltet, was wir als Gesellschaft verstehen,[5] sie verbindet Einzelne, schafft Räume der Aushandlung und der Verständigung. Sie steckt die Umrisse, die Rahmen wahrnehmbarer Realitäten und des Sagbaren ab, öffnet oder schließt diese und ist doch nicht ein sekundäres Erzeugnis zweiter Ordnung. Vielmehr spielen ihre Signifikationsprozesse eine zentrale Rolle in der Schaffung von Bedeutungen im Zusammenleben und erlauben seine produktive, kreative Um- und Neugestaltung. Ihre Bilder sind also nicht eine Darstellung, eine Interpretation von vorgängigen Fakten, sie sind vielmehr konstitutiv für die Welt wie wir sie verstehen. Sie bringt nicht einfach Bilder, Symbole, Ikonographien hervor, sie bindet zusammen, was nicht unbedingt sichtbar ist, Normen, Verhaltensregeln, das Recht, Praktiken, sie rahmt oder unterbricht solche Beziehungen.

Gemeinsam ist diesen Signifikationsprozessen nicht nur, dass sie beständig Differenz herstellen und Figuren des Fremden als Feind, Freund oder heroischen Befreiers hervorbringen. Diese Figuren sind auch an die historisch unterschiedlichen Semantiken der Gastfreundschaft angeschlossen und bearbeiten deren Ambivalenzen. So schwanken ja bereits die lateinischen Bezeichnungen für ›Gast‹, nämlich *hostis/hospes* – daher: Hospitalität, Hospiz etc. – zwischen Freund und Feind und binden diese Ambivalenzen an die *politische Ordnung eines Gemeinwesens*, eines Staatswesens

(Benveniste 1973). Versuche, Deutungshoheit über das Geschehen an den Grenzen Europas zu gewinnen, wiederholen diese Konflikte, setzen sie medienwirksam in Szene und stellen die Differenz her, die den Anderen als fremd markiert und die *Grenzen der Gastfreundschaft* bestimmt (Friese 2014).

»Alle Gesellschaften schaffen Fremde; doch jede Gesellschaft schafft sich ihre eigenen Fremden und schafft sie auf eine eigene, unnachahmliche Art und Weise«, stellt der Soziologe Zygmunt Bauman fest (1995: 1). Mit dem Entstehen des modernen Nationalstaats, der »westfälischen Grammatik« (Benhabib 2004) und dem Verständnis von Souveränität und Staatsbürgerschaft ist politische Mitgliedschaft, sind Rechte und Pflichten auch an ein Projekt gebunden, das die Einheit von Territorium, Gemeinschaft und nationale Identität gefordert hat.

Nun durchkreuzen auch und gerade transnationale Mobilitäten und Vernetzungen dieses Projekt. Ebenso haben postkoloniale Perspektiven die großen Erzählungen der Moderne verschoben und dezentriert, nach denen sich die Moderne durch Vernunft, Autonomie und Demokratie konstituiert, wenn sie fragen, was diese Erzählungen ausschließen um sich etablieren zu können. Gegen vorherrschenden Narrationen machen sie vielmehr deutlich, dass der Kolonialismus als zentrale »Einschreibung der Moderne« gesehen werden muss (Hall 2002) und Theorien der Moderne auf Auslassungen und Ausschlüssen beruhen: Rassismus und Sklaverei (Gilroy 1993). In dieser Sicht verschieben sich die historischen Konflikte zwischen Kolonisierten und Kolonisatoren. Sie sind uneindeutig geworden, finden innerhalb der formal unabhängig gewordenen Staaten statt, zeigen den Wandel globaler Beziehungen und »komplexe Neuinszenierungen« (Hall 2002: 228), mit denen auch eindeutige (kulturelle) Identitäten verwischt werden und miteinander verflochtene Signifikationsprozesse und Positionierungen in den Blick kommen können, die sich binären Logiken entziehen.

Die postkoloniale Regierung von Mobilität und Grenzen stützt sich jeweils auf ein Ensemble von Akteuren, Praktiken, Logiken, Grundsätzen, Modellen und ökonomischen Kalkülen. In diesen, kaum zentral bestimmten Konstellationen durchdringen sich »militärische« und polizeiliche Techniken der Überwachung, das »christliche Pastoral«, rechtlich-administrative Bestimmungen und Orientierungen und schließlich auch wissenschaftliche Diskurse

(Foucault 2006: 165). So artikulieren sich zum einen das vorherrschende Sicherheitsdispositiv und seine Bedrohungsszenarien, das Beharren auf vermeintlicher nationalstaatlicher Identität und Souveränität, zum anderen der humanitäre Diskurs und der Rekurs auf Ethik, Verantwortung und Moral. Die soziale Imagination und die Bilder mobiler Menschen verteilen Macht, sie sind auf unterschiedliche Weise Teil der Regierungskunst und ihrer Techniken.[6] Bilder sind nie unschuldig. Ihre Signifikationsprozesse sind integraler Bestandteil machtvoller, politischer Konstellationen, der Produktion von Wissen, Wahrheit und der Techniken der Gouvernementalität. Zugleich dienen sie politischer Legitimation und ihrer jeweiligen Rechtfertigungsstrategien.

Als Teil der postkolonialen Konstellationen führt die soziale Imagination deren Spuren mit sich. Ihre Artikulationen – Bilder, Diskurse, Praktiken – schaffen unterschiedliche Figuren mobiler Menschen, weisen ihnen einen Ort zu und verhandeln soziale, kulturelle, ökonomische und politische Konflikte. Sie sind damit auch ein Teil des tragischen Grenzregimes und seiner Regierung. Die soziale Imagination bebildert Mobilität, ordnet sie dem Topos Krise, Katastrophe und der Tragödie zu, deren Darsteller Opfer, Feinde oder Heroen sind. Tragisches Verhängnis mischt sich mit Schuld und Pathos, Schmerz, Leiden und Erleiden, Auflehnung und Kampf. Wenn wir die Tragödie mit Cornelius Castoriadis (1997a: 274-275) als politisches Drama verstehen, das Konflikte darstellt, die das Politische ausmachen, dann ist das Grenzregime tragisch nicht deshalb, weil es Menschen sterben lässt – zwischen 2000 und 2014 ließ man an die 30.000 Menschen an den europäischen Grenzen sterben, allein 2016 starben im Mittelmeer über 5.000 Menschen –,[7] sondern weil es die grundlegenden Spannungen der Demokratie deutlich macht. Das zentrale Kennzeichen der Demokratie ist Autonomie, die Autonomie eines *Demos*, der *Polis*, sich selbst Gesetze zu geben und sich also aus sich selbst zu begründen. Demokratie ist die explizite politische Form einer autonomen politischen Gemeinschaft. Sie begründet sich aus sich selbst, kein höheres Gesetz steht über dem *Demos*, dem autonomen Subjekt der Gesetzgebung. Diese Zirkularität – ein *Demos* entscheidet, wer den *Demos* begründet – eröffnet zugleich das Paradox des originären und arbiträren Moments, der nicht demokratisch ist, entscheidet er doch über Mitgliedschaft, Staatsbürgerschaft, Rechte, Grenzen und ist damit sowohl einschließend als auch ausschließend. Auch werden die Spannungen in liberalen Demokratien deutlich, die das Recht auf individuelle Wohlfahrt innerhalb einer nationalstaatlich gesicherten Ordnung betonen, dem jedoch das Recht der anderen Individuen gegenübersteht, die dieser nicht angehören. Undokumentierte Mobilität fordert damit die Demokratie heraus, sie bewegt sich in dem »demokratischen Paradox« der Konstitution eines *Demos*, einer politischen Gemeinschaft, die auf dem Ausschluss anderer, eines konstitutiven Außen beruht (Mouffe 2013). Das ist das grundlegende Paradox, dem die Diskussionen um Mobilität nicht entkommen können, dem die Grenzen der Gastfreundschaft bereits eingeschrieben sind und das auch die etablierten Figuren des Anderen, des Fremden, des Barbaren bestimmt.

Mobilität macht also die Spannungen der liberalen Demokratie deutlich. Auch die hervorgebrachten Bilder des Fremden als demjenigen, der einer politischen Gemeinschaft ja nun gerade nicht angehört, dem die Rechte europäischer Bürger nicht zugestanden sind, ohne dessen Ausschluss sich die politische Gemeinschaft aber gar nicht konstituieren würde, schaffen in diesem Sinne einen Raum der Auseinandersetzung, der jedoch trotz der jeweiligen Ansprüche auf Dominanz oder Hegemonie nie vollständig geschlossen bleibt, kaum vollständig in einer identitären Einheit zu halten oder gänzlich einzugrenzen ist.

Der Ort, an den die soziale Imagination sich bindet, ist sicherlich Lampedusa. Lampedusa ist – neben Lesbos – zu einem *der* zentralen Symbole, oder besser: einem leeren Signifikanten geworden, der ganz unterschiedliche und widersprüchliche Bedeutungen erzeugt und möglich macht. Die winzige Insel wurde zur Bühne für internationale Berichterstattung, der Produktion mächtiger Bilder, medialer Inszenierungen. Lampedusa steht in der sozialen Imagination dann auch und gerade für die Furcht vor den schwarzen Massen, Invasionen, Unkontrollierbarkeit, vor dem Verlust vermeintlich nationalkultureller Identität und zugleich auch für humanitäre Anteilnahme, Mitgefühl, Philanthropie, Verletzlichkeit, Hilfe für die Opfer, Solidarität und solche Entwürfe, die zugleich die Spannungen des Begriffs Gastfreundschaft und die Konflikte um ihre Praktiken weitertragen. Lampedusa schafft Rassismus, Fremdenfeindlichkeit, den Bildern von Opfern und von Heroen einen Ort, bindet Feind, Freund und heroischen Befreier aneinander. Mobilität als ethisch-humanitäre

Frage, als Gefahr und/oder Heroisierung sind auf besondere Weise a-politisch, wenn sie diese als wohltätige Angelegenheit sehen, als Gefahr für Wohlstand und Identität oder als Substitut für das verloren gegangene revolutionäre Subjekt.

Den folgenden Bemerkungen wird es also darum gehen, diesen machtvollen Bildern und ihren überraschenden, wechselseitigen Verflechtungen zu folgen und deutlich zu machen, wie die soziale Imagination diese Figuren und symbolische Ordnungen schafft, normativ einrahmt und sich derzeitigen Auseinandersetzungen um die Aufnahme von mobilen Menschen und den Politiken einschreibt, die diese regeln soll.

In einem ersten Schritt kommen daher die soziale Imagination, also die Signifikationsprozesse in den Blick, mit denen Flüchtende entweder zu Feinden, zu Opfern oder zu Helden werden. Diese Figuren sind an den populistischen Sicherheitsdiskurs, den humanitären und den kritischen Diskurs angeschlossen. Auch wenn sie jeweils als einzig mögliche Darstellung mobiler Menschen, des Fremden, einem Außen präsentiert werden, Hegemonie beanspruchen und einen eindeutigen, definitiven Universalitätsanspruch erheben, so erhalten sie sich jedoch auch dadurch, dass sich verschiedene Register in ihnen kreuzen, überlagern, verschieben und Bedeutungen sich kaum vollständig kontrollieren lassen.

Es wird also auch darum gehen, trotz der Ubiquität dieser Bilder, ihrer Botschaften, ihrer Wirkungsmacht auch ihre Bruchstellen, ihr Scheitern deutlich zu machen um überhaupt einen möglichen Raum für das Politische zu schaffen, das jene Bilder nicht konsolidiert. Zugleich dürfen wir nicht vergessen, dass Europa keinen eindeutigen Ursprung hat, keine eindeutige Identität, die gegen ein Fremdes in Anschlag zu bringen wäre. Europa kann nur werden, wenn es seine »Exzentrität« anerkennt und sich selbst fremd bleibt. Auch kann es nur werden, wenn es sich in den postkolonialen Konstellationen erkennt.

Vor diesem Hintergrund soll in einem zweiten Schritt deutlich werden, dass diese Darstellungen Anteil an der Evakuierung des Politischen haben. Populistische Aggression, identitäre Phantasie nationalstaatlicher Einhegung und Abschottung, die sozialtechnokratische Illusion effizienter Governance von Grenze und Bewegung, der mediale Post-Humanitarismus und sein Unternehmertum, ebenso

wie der Appell an subjektive Empörungspotentiale derzeitiger Formen von Aktivismus vertreiben das Politische: »Das einfache Gefühl des gemeinsamen Wesens und des Unrechts, das ihm angetan
wird, schafft keine Politik«, so bemerkt Jacques Rancière (2014: 147)
bündig.

Mobile Menschen sind weder Feinde, Opfer noch Heroen. Es
gilt also, das Einverständnis aufzukündigen und das Politische im
Zwischenraum, in den Bruchstellen im verzweigten Geflecht diese
Bilder aufzufinden und zu retten.

Figuren der sozialen Imagination und das tragische Grenzregime

Wir sind gekommen, doch wir sind gar nicht da
ELFRIEDE JELINEK, DIE SCHUTZBEFOHLENEN

I am an invisible man ... I am invisible, understand, simply because people refuse to see me.
RALPH ELLISON, INVISIBLE MAN

*WARNING: Some images are quite graphic/ Warning: This article contains a distressing image/*WARNING – GRAPHIC CONTENT

Feind, Opfer, Held: Das sind die Figuren der sozialen Imagination, die Bilder, die von mobilen Menschen gezeichnet werden. Das sind sowohl Bilder von Feindschaft, Bedrohung, Aggression als auch von Barmherzigkeit oder Solidarität mit den Ausgeschlossenen und Unterdrückten. Gemeinsam schaffen sie den Rahmen möglicher Signifikationen und Adressierungen.

Lampedusa ist ein Ort, an dem sich diese Bilder verweben.

Abbildung 1

Lampedusa war stets ein Ort, an dem die Regionen und Religionen des Mittelmeeres sich trafen. Die lokale Ikonographie kennt einen legendären Seefahrer, der an Flucht und Fahrt über das Meer erinnert und die Küsten Nordafrikas mit der Insel und der ligurischen Küste verbindet: Mit dem Marienbild als Schutz und Segel, so will die jedem bekannte Erzählung, gelang dem von ›Sarazenen‹ versklavten Andrea Anfossi auf einem windigen Floß von Lampedusa aus die Flucht über das Mittelmeer in die ligurische Heimat. Auch die Grotten, die heute das Gemälde und das Wallfahrtkirchlein aufnehmen, erinnern an christlichen und muslimischen Kult und die zahlreichen Votivgaben an Seenot und wundersame Rettung.[8] Auch bewahren die lokalen Erinnerungen Schiffbruch und Verderben,[9] während das Ethos von Fischern die fraglose und gastfreundliche Aufnahme von denjenigen verlangt, die über das Meer kommen und seinen Gefahren ausgesetzt sind. In diese Bilder von Flucht, Rettung und fragloser Gastfreundschaft haben sich andere Bilder geschoben.

An der Mole, an der die Schiffe der Küstenwache, des Grenzschutzes und der Marine liegen und diejenigen ankommen, die eben die Fahrt im Kanal von Sizilien hinter sich haben, hat eine Bürgerinitiative ein Transparent mit dem herzerbarmenden Gesicht eines weinenden Kindes angebracht:

Abbildung 2

»EIN LÄCHELN FÜR DIE PRESSE. Während die Rettungsaktionen für die Migranten weitergehen, hat Lampedusa mit den Auswirkungen einer Sprache in den Massenmedien zu kämpfen, die Ängste schürt und den Notstand beschwört; eine Sprache, die mit verallgemeinernden, vereinfachenden und manchmal falschen Informationen arbeitet und die Ankunft von Migranten als Aggression oder Bedrohung darstellt, vor der man Angst haben muss; eine Sprache, die denjenigen keinen Respekt zollt, die hier unter menschenunwürdigen Bedingungen ankommen und die auch die ökonomischen Erfolge des Tourismus zunichte macht, welche die Einwohner von Lampedusa in den letzten Jahren mühsam erreicht haben. SCHLUSS MIT DER REALITY SHOW.«

Sarkastisch wiederholt das Transparent die mittlerweile übliche Bebilderung der Einsatzgebiete einer Hilfsindustrie und des humanitären Unternehmertums, die Aufmerksamkeit am Leiden anderer
erregen sollen, um auf dem konkurrierenden Spendenmarkt zu bestehen und erfolgreich Marketing- und Brandingstrategien zu verfolgen. Der herzerbarmende Gesichtsausdruck des leidenden Kindes
wird zum Lächeln für die Kamera und der journalistischen Suche
nach dem *Scoop*, nach spektakulären Bildern von Leid, Untergang
und Verderben. Denunziation mischt sich mit den wirtschaftlichen
Interessen der lokalen Tourismusbranche und zeigt den Konflikt
zwischen erwünschter und unerwünschter Mobilität an:[10] Wo die
einen ungetrübten Strandurlaub machen und das Meer genießen,
soll das Elend der anderen nicht sichtbar werden, fürchtet man, dass
die Berichterstattung das Bild der paradiesischen Ferieninsel zerstört und Kunden vertrieben werden, lebt die Insel doch mittlerweile
vom Tourismus. Auch verquickt Lampedusa die Bilder der sozialen
Imagination. Die unendliche Weite des Meeres, Aufbruch und Versprechen von Freiheit und Ungebundenheit, mischen sich mit dem
Topos ›Insel‹, einer erreichbaren Utopie, einem von Alltag und Be-
schwernis befreiendem Ort, an dem Sehnsucht in heiligen Schauer vor Tod und Grauen umschlägt, ein entsetzliches Spektakel, das
man von sicherem Ufer aus verfolgen kann.

Lampedusa ist zu einem leeren Signifikanten geworden, der eindeutige Bedeutung entleert, absorbiert und einer sicheren, bestimm-
baren Signifikation entzieht, vielfältige, sich widersprechende Bedeutungen zulässt und unterschiedlichen Diskursen einschreibt.[11]
Der leere Signifikant ›Lampedusa‹ verbindet Medienhype mit dem
tragischen Grenzregime. Windige und hoffnungslos überladene
Boote, Schiffbruch und Tod, Katastrophe und Tragödie bestimmen
mediale Bilder ebenso wie ›schwarze Massen‹ eine unkontrollierba-
re ›Flut‹ beschwören, rassistische Auffassungen mobilisieren und
festigen.

Dramatische Bilder von entkräfteten Menschen, die oft mehr
tot als lebendig auf der Insel ankommen, mischen humanitäre Ret-
tungsszenarien mit politisch verstärkten Invasionsphantasien. Sie
iterieren die soziale und politische Imagination von Mobilität als
humanitärer Katastrophe oder bedrohlichen Ansturm auf den Wohlstand Europas und nationale Identität, der nicht nur drastische Maßnahmen gegen ›kriminelle Menschenhändler‹, sondern auch den
permanenten Ausnahmezustand verlangt.[12]

Auch ist Lampedusa in die Hauptstädte Europas gewandert, auf dem Berliner Oranienplatz wurde im Herbst 2012 ein medienträchtiges *Lampedusa Village* errichtet, das Flüchtlinge und lokale Kiezaktivisten beherbergte und erklärte:»Lampedusa ist überall.« Die tropische Übertragung, die Universalisierung des Partikularen, durch die der historische Ort Lampedusa dann überall verortet werden kann, lässt nicht nur die Peripherie in das Zentrum wandern, sie bezeugt auch die Kraft dessen, was mit dem Signifikant ›Lampedusa‹ aktiviert und in Bewegung gebracht werden kann.

An den leeren Signifikanten ›Lampedusa‹ lassen sich dann auch unterschiedliche politische Positionen anschließen, sind populistische Standpunkte und Metaphern (›das Boot ist voll‹) ebenso möglich wie der Fremde als Befreier heroisiert werden kann, der das verloren gegangene revolutionäre Subjekt ersetzen soll. Neben dem Fremden als Bedrohung, als Feind oder als bedauernswertem Opfer kennen wir auch das alte Bild des Fremden als Heros, als Befreier, dem eine besondere Freiheit zukommt, nämlich die Distanz zu Überkommenem, zu Sitte und Brauch, eine Freiheit, die Georg Simmel in seinem *Exkurs über den Fremden* die »Objektivität des Fremden« genannt hat (1992: 766-767).

Der Bedrohungsdiskurs, der humanitäre, der ›antagonistische‹ Diskurs von Aktivisten und unaufhörlich inszenierte Dramatik haben zu einer erstaunlichen Bekanntheit des Ortes und seiner 6.000 Einwohner beigetragen, die dazu geführt hat, dass die Insel nunmehr auch zu einem beliebten Arbeitsfeld von Wissenschaftlern, Künstlern und politischen Aktivisten geworden ist, deren Projekte erneut nicht minder machtvolle Bilder von Tragödie, Tod und Untergang hervorbringen. Maria Iorios und Raphael Cuomos Film *Sudeuropa* (2005-2007) exploriert Sichtbarkeit und Unsichtbarkeit im Spannungsfeld zwischen Tourismus und Aufnahmelager auf Lampedusa, der Film des somalischen Journalisten Zakaria Mohammed Ali *To whom it may concern* (2008), Jakob Brossmans Bilder *Lampedusa im Winter* (2015) erzählen Lampedusa. »Der niederländische Filmemacher Morgan Knibbe« zeigt in *Shipwreck* (2014) »der geschockten Weltgemeinschaft die Einsargung der Opfer« des Schiffbruchs vom 3. Oktober 2013. Der Film gewann beim internationalen Kurzfilmwettbewerb des Filmfestivals Locarno den Kleinen Leoparden in Silber (Stephan 2014). Der Kurzfilm von Enrico Chiarugi rezitiert die Namen der bei diesem Schiffbruch Umgekommenen (Chiarugi 2016); *Havarie* von Philip Scheffner (2016) richtet die Kamera von einem Kreuzfahrtschiff auf ein Schlauchboot (Berlinale 2016). Jakob Brossmann zeigt *Lampedusa im Winter* (2016), *Viaggio a Lampedusa* von Giuseppe Di Bernardo (2010) und *LampeduSani* von Costanza Quatriglio (2014) dokumentieren eine Reise nach Lampedusa. Auch der sizilianische Schriftsteller Davide Camarrone hat sich aufgemacht und erzählt seine Begegnung mit *Lampaduza* (2014). Zuletzt hat der Film *Fuocammare* von Gianfranco Rosi (2016) das Kinopublikum bewegt. Der Schiffsfriehof auf Lampedusa wird photographiert (*partire*, Friese 2007-2011), die auf den Booten zurückgelassenen Gegenstände festgehalten (*Objects left behind*, Friese 2013), sie wandern als Ausstellungsstücke in Museen oder werden, wie heilige Reliquien authentischen Leidens, in Schachteln ausgestellt (Purroi 2016). Der Photograph und Turner-Preisträger Wolgang Tillmanns zeigt 2008 die auf dem Schiffsfriedhof aufgetürmten Planken, Massimo Sansavini hat aus dem Holz der auf Lampedusa beschlagnahmten Schiffe seine Arbeiten *Touroperator* geschaffen, die Ausstellung wird u.a. im Europäischen Parlament gezeigt (2016). »Jedes Werk zeigt einen Schiffbruch, jedes Teil des Werkes erzählt von einem Opfer.« (Zoffoli 2016). Lampedusa wird vertont, der Komponist Ennio Morricone hat *la voce dei sommersi* (2013) hörbar gemacht und den Toten des Schiffbruchs vor Lampedusa im Oktober 2013 gewidmet. Lampedusa wird in unzähligen Rai-Rap-Raggae Liedern besungen. Lampedusa wird auf die Bühne gebracht, etwa *Lampedusa* von Henning Mankell (2006), manchmal sogar den Lampedusani vorgeführt, wie in dem Stück *Miraculi* des Théâtre Senza (2014); Das italienisch-tunesische Projekt des Teatro dell'Argine/Eclosion D'Artistes zeigt *Lampedusa Mirrors* (Tandem 2015), Margareth Obexer, Yasmina Bellounar, Bahareh Sharifi *BERLIN CALLING LAMPEDUSA – gegen sätze* (2014), Elfriede Jelineks *Die Schutzbefohlenen* (2013) bringen die Flüchtlingstragödie auf die Bühne und Lina Prosa (2013) zeigt die »Trilogie des Schiffbruchs« (*Trilogia del naufragio, Lampedusa Beach*, 2011; *Lampedusa Snow*, 2012 und *Lampedusa Way*). Die Schriftstellerin Maylis de Keregal (2015) bindet den Untergang vom 3. Oktober 2013, »ce drame méditerranéen«, an den Namen Tommasi di Lampedusa und den Film *Il Gattopardo*. Installationen wie Achilleas Souras' *Save Our Souls Emergency Shelter* (2016), die *Installation Lampedusa 361* auf dem Dresdner Theaterplatz im Rahmen des Gedenkens an die Zerstörung der Stadt im Zweiten Weltkrieg, die Gräber der am 3. Oktober 2013 Ertrunkenen zeigt oder die Aktionskunst des *Zentrums für politische Schönheit* – die Liste der Kulturproduktionen und

Events mit Betroffenheitssurplus ließe sich erweitern und die Inszenierungen von Anklage und Empörung in einen mehr oder minder
kritischen Moraldiskurs eintragen, der auf unterschiedliche Weise
an die zeitgenössische Subjektivität appelliert und in eine wirksame
Opfermythologie einträgt.

Auf Lampedusa wird der Ansturm gutwilliger Künstler, Journalisten und Aktivisten, die sich im ethnographischen Felde mittlerweile selbst beobachten und sich auf noch nicht zur Sprache
gekommene Einheimische stürzen, durchaus skeptisch gesehen:
»Die kommen und gehen, für uns und unsere Probleme interes-
siert sich keiner«, so eine verbreitete Meinung. Die Insel wurde
jedoch auch zur *terra santa* der Pilgerreisen zu den authentischen
Stätten der Opfer, der Emotionen post-humanitären Erschauerns
und der Katharsis. Tatsächlich leistet der Katastrophentourismus,
der Empörung mit authentischem Schauer anreichern soll, auch
einen neuen Beitrag zur Ökonomie der Insel und das Lampedu-
sa-Business hat bereits eigene Souvenirs hervorgebracht: Kreuze
aus dem Holz der gestrandeten Boote, an dem – das fordert die zeitgenössische Sensibilität für ›Authentisches‹ – noch Unglück und
Tod haften und die so zu Objekten eines Opferkultes werden können. »Gefertigt aus Kiefernholz und integrierten Holzelementen
von in Lampedusa angekommenen Flüchtlingsschiffen«, so wirbt
ein Berliner Flüchtlingsprojekt für die *limited edition* des Designer-
stuhls *Ambassador*.[13]

Die machtvollen medialen Inszenierungen verschlingen Lampedusa als konkreten, historischen Ort. Lampedusa, ein Ort, den noch
vor zehn Jahren niemand kannte, muss sich globaler Aufmerksamkeit erwehren. In diesem Signifikationsgeflecht steht ›Lampedusa‹
also zunächst für ›illegale‹ Mobilität, Wirtschaftsmigranten, Flüchtlinge, Asylsuchende und die unterschiedlichen (rechtlichen) Dimensionen, die an diese Begrifflichkeiten und Klassifikationssysteme
gebunden sind, mit denen Recht, Politik und Wissenschaft Mobilität
jeweils zu fassen, zu kontrollieren und zu regieren suchen. Sie steht
aber ebenso für unschuldige Opfer und humanitäres Einsatzgebiet
und Erschauern. Diese Bilder des Fremden sind auch an die Ge-
schlechterordnung gebunden, denn als Invasor oder Heros gilt ge-
meinhin der junge, alleinstehende Mann, sicherlich nicht die Mutter
mit Kindern. Die soziale Imagination hält für Frauen und Kinder
dann bereit, was sie mobilen Männern, den potentiellen Feinden des
Volkskörpers verweigert: Das Bild des unschuldigen Opfers.

Die soziale Imagination bebildert Mobilität, ordnet sie dem Topos Krise, Katastrophe und der Tragödie zu,[14] deren Darsteller Feinde, Opfer oder Heroen sind. Tragisches Verhängnis mischt sich mit
Schuld und Pathos, Schmerz, Leiden, Erleiden und revolutionärer
Geste.[15] Diesen Topoi, Bilder und Ikonographien, die immer auch
legitimatorische Kraft haben sollen, sind zugleich Diskurse beige-
ordnet, die, das wird zwischen Kulturalisierung und Viktimisierung
mittlerweile gerne übersehen, auch manifeste ökonomische Interessen verfolgen, zum Teil des Grenzregimes, einer politischen Ökonomie der Grenze, veritabler Migrationsindustrien und neuer Governance geworden sind, die mobile Menschen einmal als Opfer, ein
anderes Mal als unabweisbare Gefahr sehen.

Der zeitgenössische »Semiokapitalismus« (Berardi 2009), seine
»Ikonomie« und die Industrialisierung seiner (symbolischen) Gü-
ter – im Oxymoron ›kreative Industrie‹ zusammengefaßt – setzt eine
besondere »Ökonomie der Aufmerksamkeit« in Gang (Citton 2014;
Franck 1998). Gegen und mit der Saturierung des Alltags durch Bilder, gegen und mit der Ökonomisierung von Emotion und deren öffentlicher Exposition nicht nur in den sozialen Medien, werden die
Bilder vom Feind, Opfer oder Befreier verhandelt. Die angeschlosse-
ne mediale Maschine, die in rasender Geschwindigkeit *content* liefert,[16] der Pathos der Eventgesellschaft und die Aufmerksamkeitsökonomie arbeiten damit am tragischen Grenzregime. Sie organisieren
Anwesenheit und Abwesenheit, Sichtbarkeit und Unsichtbarkeit. Die
Sichtbarkeit des Leidens anderer schafft aber nicht nur *Opfer.* Ebenso
kann das Bild des Fremden als bedrohlichem *Feind* befördert werden und sich damit gerade das verfestigen, was mit Strategien der
Sichtbarmachung doch bekämpft werden soll. Diese Signifikationen
der sozialen Imagination schaffen denjenigen, der nicht dazugehört.
Sie verweisen auf globale Asymmetrien und die verdrängten Spuren
des Kolonialismus, sie tragen einen ›colonial mindset‹ mit sich, dem
auch die Medienaufmerksamkeit, ihre Visualisierungsstrategien
und das »Blickregime« (Elia-Borer/Sieber/Tholen 2011) nicht ausweichen können. Als Teil einer imaginären Realität, die Rassismus und
unterschiedliche koloniale Beziehungen als gewesen, vergangen,
Gewalt und Untaten als verjährt begreift, nimmt sie an sie seien als
vergangene abgeschlossen aus dem Gedächtnis, sozialer Erinnerung
und der sozialen Imagination entfernt, getilgt und keinesfalls Teil
der Gegenwart und ihrer Aktualität.

1. Feind: Rassismus und postkoloniale Situation

Wird Mobilität bebildert, wird uns fast unweigerlich eine Szene vorgeführt: Ein winziges und überladenes Boot, auf das viele Menschen gepfercht sind. Warum immer dieses Bild, das eine ununterscheidbare Masse zeigt, genauer: eine Masse schwarzer Männer, die *zu uns* über das Meer kommt? Was macht dieses Bild zugleich bedrohlich? Was bindet dieses Bild zusammen und welche Botschaften sind ihm beigemischt? Welche räumlichen und zeitlichen Strukturen werden entwickelt?

Wenn uns diese Bilder im wahrsten Sinne des Wortes verfolgen, weil sie Unsichtbares sichtbar machen, das Verdrängte in den Blick bringen, müssen wir zum einen ihre Macht kenntlich machen – wie das etwa Edward Saids Darstellung des *Orientalismus* (2003) gezeigt hat. Zum anderen müssen wir diese Artikulationen der sozialen Imagination im Hinblick auf koloniale Spuren, auf ihre kolonialen Grundlagen hin untersuchen und die Spannungen und Ambivalenzen kenntlich machen, die Europa und seine derzeitigen Politiken kennzeichnen.[17]

Im Kontext auch und gerade populistischer Erregung und derzeitiger Politiken lohnt es sich, an Étienne Balibar (1992: 28) und seine glückliche Formel eines »Rassismus ohne Rasse« zu erinnern:

»Der neue Rassismus ist ein Rassismus der Epoche der ›Entkolonialisierung‹, in der sich die Bewegungsrichtung der Bevölkerung zwischen den alten Kolonien und den alten ›Mutterländern‹ umkehrt und sich zugleich die Aufspaltung der Menschheit innerhalb eines einzigen politischen Raumes vollzieht.«

Genau in diesem Kontext entsteht das Bild der Invasoren, eines feindlichen Heeres, einer nicht zu kontrollierenden Menschenflut, die sich aufmacht, *uns* zu kolonisieren, *uns* zu unterwerfen, *unsere* Kultur zu zerstören, *unsere* Werte zu nehmen, *unseren* Wohlstand, *unsere* Frauen.

»Ideologisch gehört der gegenwärtige Rassismus, der sich bei uns um den Komplex der Immigration herum ausgebildet hat, in den Zusammenhang eines ›Rassismus ohne Rassen‹, wie er sich außerhalb Frankreichs, vor allem in den angelsächsischen Ländern, schon recht weit entwickelt hat: eines Rassismus, dessen vorherrschendes Thema nicht mehr die biologische Vererbung, sondern die Unaufhebbarkeit der kulturellen Differenzen ist; eines Rassismus, der – jedenfalls auf den ersten Blick – nicht mehr die Überlegenheit bestimmter Gruppen oder Völker über andere postuliert, sondern sich darauf ›beschränkt‹, die Schädlichkeit jeder Grenzverwischung und die Unvereinbarkeit der Lebensweisen und Traditionen zu behaupten.« (Balibar 1992: 28)

Die Endlosschleife der uns gezeigten Bilder wilden Ansturms offenbaren ein rassistisches und biopolitisches Sicherheitsdispositiv, das die entschlossene Abwehr der eindringenden Invasoren, der Menschenflut und der Parasiten an imaginiertem Volkskörper und seinem Wohlergehen verlangt, damit der Katastophe Einhalt geboten werden kann. Nun verweist der Begriff Katastrophe – von »*katastre-phein*, ›umkehren‹, ›gegen‹, ›wenden‹«, ursprünglich auf eine »entscheidende Wendung [zum Schlimmen] als Schlusshandlung im antiken Drama« und zeigt zugleich ein »schweres Unglück, Naturereignis mit verheerenden Folgen« an.[18] Die Bilder von der ›Menschenflut‹ heben den Unterschied zwischen dem unvorhergesehen, urplötzlich und fatal hereinbrechenden Naturereignis und menschlichem Handeln auf: Bewegung, der ›Strom‹, der Zustrom werden dann zur Katastrophe und zum Teil der Tragödie.[19] Die Medien koproduzieren die Bilder, die Mobilität zum verheerenden Naturereignis, zur Tragödie oder zu einer ›Invasion‹ machen, gegen die es sich wehrhaft zu verteidigen gilt und speisen diese in die globalen Medienkanäle ein.

Auch der derzeit verwendete Begriff ›Flüchtlingskrise‹ bekräftigt den hergestellten Zusammenhang zwischen gesundem Volkskörper und krankhafter Mobilität, zwischen gesellschaftlichem Normalzustand und Bewegung als Unterbrechung der eingerichteten Normalität. »Alle Übergänge sind Krisen, und ist eine Krise nicht Krankheit?«, fragt Johann Wolfgang von Goethe (1998: 505). Das

Wörterbuch der Gebrüder Grimm bestimmt die ›Krise‹ als »entscheidung in einem zustande, in dem altes und neues, krankheit und gesundheit u.ä. mit einander streiten« (Grimm/Grimm 1971). Wenn hier eine noch unentschiedene, eine bevorstehende Entscheidung zwischen zwei Zuständen gemeint ist, ein unentschiedener Zustand der Gefährdung, eines bedrohlichen Gefährdetseins und die Waage sich zu einer der beiden Seiten neigen kann, während hier ein Streit, ein Widerstreit gemeint ist, der eben in der Krise seinen Ort hat, so meint ›Flüchtlingskrise‹ vor allem: ein bedrohliches Geschehen ausserhalb der Normalität, einer Normalität, in der Mobilität als Ungleichgewicht, als Unterbrechung gesellschaftlichen Beharrens erscheint. Mobilität wird zur Ausnahme, ja mehr, zum feindlichen Einfall von Parasiten, die den gesunden, integren Volkskörper schwächen und die zu verjagen, abzuschieben, wegzuschaffen oder an der Grenze des Volkskörpers zu töten, populistische Stimme lautstark fordert.

Die Figur des Parasiten verweist auf eine griechische und römische Erbschaft, die den *parasitus* an Gastfreundschaft gebunden hatte, musste er doch zum Gastmahl freigehalten werden. Um Großzügigkeit und Ehrenhaftigkeit zu demonstrieren, brauchte der ehrbare Gastgeber den *parasitus* – mancher Gastgeber im antiken Griechenland oder in Rom sah eher ökonomischem Ruin entgegen, als auf das Freihalten von Gästen zu verzichten – ebenso, wie der Parasit auf den Gastgeber angewiesen ist. Folgen wir Michel Serres (1982), sind menschliche Beziehungen nichts anderes als eine Kette von parasitärem Handeln (ja, im Hinblick auf die Natur ist der Mensch der Parasit *par excellence*, nimmt er doch ohne zu geben):[20]

»History hides the fact that man is the universal parasite, that everything and everyone around him is a hospitable space. Plants and animals are always his hosts; man is always necessarily their guest. Always taking, never giving. He bends the logic of exchange and of giving in his favour when he is dealing with nature as a whole. When he is dealing with his kind, he continues to do so; he wants to be the parasite of man as well. And his kind want to be so too. Hence rivalry.« (Serres 1982: 24)

Der Parasit bezeichnet also eine asymmetrische Beziehung, ein Nehmen ohne zu geben. In diesem Sinne unterbricht, paralysiert die parasitäre Logik den allgemeinen (ökonomischen) Austausch und wird zum einen Katalysator für neue Handlungskomplexitäten, wie sie zum anderen denjenigen zum Opfer, zum Sündenbock macht, der als Parasit identifiziert wird.

Die Ankunft der Fremden verweist zugleich auf die Möglichkeit, dass der unheilvolle Andere im Inneren lauert und der Gast, der bleibt, der Feind ist, mit dem man (nur zeitweilig) Feindseligkeiten und Hostilität unterbricht. Schon Georg Simmel erkennt im Wanderer auch denjenigen, der »bestehende latente oder offene Gegnerschaft« provoziert, denjenigen, der zum »unversöhnlichen Feind« wird, denjenigen, der »als Parasit der sesshaften Elemente der Gesellschaft« existiert (1992: 760). Der Affront ist das Andere, das sich unter das Eigene mischt, das Heterogene, das ununterscheidbar den Volkskörper und seine Kraft schwächt, die gesunden Funktionen kontaminiert, der Feind, der sich als Parasit im Inneren einnistet. Ihn gilt es bereits an den Grenzen zu identifizieren, zu neutralisieren, symbolisch oder physisch zu eliminieren, »sterben zu lassen« (Foucault 2001: 291) und zum Zentrum moderner Biopolitik zu machen, deren Sorge nicht dem Territorium, sondern der ›eigenen‹ Population gilt. Tatsächlich wird der *parasitus*, den freizuhalten der griechischen und römischen Gastgeber noch ehrte, dann nicht zufällig zum Parasiten als demjenigen, der die Gesundheit des Volkskörpers gefährdet.[21] »Here, territorial borders are superimposed on the boundaries of the body; migration appears at the same time as an assault upon the integrity of one's own body and that of Europe«, es damit entsteht die »discursive and iconic connection between infection and immigration« (Falk 2010: 90, 89).[22]

Die Bilder hereinbrechender Katastrophen und Krisen durchdringt die Zivilgesellschaft, sie schaffen eine Belagerungsmentalität, die dann wiederum effiziente Maßnahmen des Grenzmanagements und seiner (militärisch-humanitären) Eingreiftruppen verlangt. Bilder werden so eine machtvolle Ressource, die der *Cross-Border-Governance* Autorität verleiht und den Notstand rechtfertigt. Die dominanten Bilder der Massenmedien, die evozierte Katastrophe und der Notstand verbinden sich mit Managementsprache. Bilder iterieren den Ausnahmezustand, wie die Ausnahme nach Bildern schreit, um sichtbar zu werden (Friese 2014: 180-183). Diese Bilder legitimieren neue Mauern, Stacheldraht, Kanonenboote vor fremden Küsten, das Beharren auf nationaler Grenzziehung, die gleichzeitig in die Länder der Kolonialstaaten ausgedehnt wird. Sie verlangen den permanenten *Ausnahmezustand*. Tatsächlich ist der italienische Zivilschutz (*Protezione Civile*), er ist dem

Ministerpräsidenten unterstellt und soll eigentlich Naturkatastro-
phen bewältigen, seit Jahren auf Lampedusa präsent und rekurriert
auf den Katastrophenfall (*stato di emergenza*). Möglich gemacht
wurde dies u.a. Dank der Erklärung des ›Notstands Migration‹ im
Juli 2008 durch die Regierung Berlusconi, mit der die langwierigen
Prozeduren der Vergabe öffentlicher Aufträge umgangen und diese
klientelär an Verwandte oder politische Freunde vergeben werden
konnten. Der auf die Katastrophe rekurrierende Notstand wurde tatsächlich zum Normalfall.[23] Diese Bilder binden sich an den Begriff,
den Carl Schmitt in seiner *Politischen Theologie* bekanntlich zum
Kennzeichen von Souveränität gemacht hat: »Souverän ist, wer über
den Ausnahmezustand bestimmt« (1985: 13). Mittlerweile läßt sich
umschreiben: »Souverän ist, wer über den Transit herrscht« (Avanessian 2015), souverän ist, wer über die Bewegung von Körpern,
deren Richtung und Verteilung im Raum bestimmt.

In unverfrorener, grotesker Verkehrung von Ursache – die Ver-
weigerung legaler Möglichkeiten zur Einreise – und Wirkung, die
alternativlose Überquerung des Meeres in windigen Booten, die von
Grenzunternehmern zu Marktpreisen zur Verfügung gestellt werden, erreicht die folgende Botschaft der *International Organisation of
Migration* (die an der Regierung von Mobilität mitwirkt und erheb-
liche finanzielle Interessen hat) die europäische Öffentlichkeit. So
berichtete Ende August 2016 *Zeit-Online*: »Italienische Küstenwache
rettet 1.100 Flüchtlinge. Die Reise über das Mittelmeer ist die wichtigste Route nach Europa. Am Wochenende wurden in der Straße
von Sizilien Dutzende Boote gestoppt« und fährt fort:

»Ursächlich sind laut IOM auch die Schlepper, die immer riskantere und längere Routen für die Überfahrt wählen. Schon zwischen Libyen und Italien
liegen mehr als 300 Kilometer offene See. Die Route aus Ägypten ist noch
weiter. Viele der Boote sind zudem nicht seetauglich. Motoren versagen
oder haben zu wenig Sprit, die Boote sind undicht oder kentern bei hohem
Wellengang.«[24]

Die absurde Verkehrung und die Bindung von Mobilität an Verbre-
chertum setzen sich fest und so lohnt es sich, einen kurzen Blick
auf die Userkommentare und die populistische Gemütslage zu
werfen, die offen mit Recht, ethischen Grundsätzen und (christlicher) Moral brechen, den Ausnahmezustand und den Bürgerkrieg
herbeireden.

»Artikel dieser Art rufen kein Mitgefühl hervor, sondern nur Zorn über soviel Beschränktheit, die Schlepperindustrie zu fördern, unter dem Deckmantel rechtlicher Zwänge und Humanität (die überstrapazierte!). Wer ›unschöne Bilder‹ auf See scheut, erzeugt sie dann im Inneren des Landes.« (User sybille-g. am 29.8.2016, 45 likes)

Tatsächlich appelliert die Endlosschleife der Bilder von überfüllten Booten kaum an christliche *Misericordia* und Mit-leiden. Wer nicht zur Menschheit gezählt wird, um den wird nicht getrauert. Viel eher richten sich Zorn und Wut auf die Tatsache, dass ein Teil der Menschheit überhaupt sichtbar wird, ›unschöne Bilder‹ hervorbringt, die Alltagsruhe stört und deutlich macht, dass andere Rechte fordern. Die Volksseele orientiert sich an subjektivem Affekt und verlangt offenen Rechtsbruch: Recht – u.a. das internationale Seerecht – fordert Seenotrettung, deswegen gibt es SAR-Zonen; Menschen dürfen, so die rechtlichen Bestimmungen, nicht nach Gutdünken an einem Strand ausgesetzt werden, zu dessen Erreichung man sich mit Kanonenbooten den Weg durch nationale Hoheitsgewässer freischießen darf, so hat es der Europäische Gerichtshof für Menschenrechte im Jahre 2012 im bekannten Fall Hirsi gegen Italien entschieden und die nach dem mit Gaddafi geschlossenen Freundschaftsvertrag etablierte Praxis des *Refoulement* verurteilt. Auch kann Humanität nicht »überstrapaziert« werden. Sie macht die *conditio humana*, Anteilhabe an einer gemeinsamen Welt und einer (politischen) Gemeinschaft aus – ohne das, was den Menschen zum Mensch macht, gibt es keinen als Mensch zu bezeichnenden Menschen. Wer anderen Unterstützung, Sozialität, Zugehörigkeit zu einer Gemeinschaft bestreitet, die das Menschsein erst begründet, der bestreitet eine gemeinsame Welt, schliesst sich selbst aus dieser Welt aus und bestreitet mit schlagender Konsequenz: sein eigenes Menschsein.

Die ›unschönen‹ Bilder von Ertrinkenden sollen, so die Nicht-Ertrunkenen nicht an fremdes Ufer zurückgeworfen werden, ›unschöne Bilder‹ im ›Inneren‹ – welchem Inneren? – erzeugen? Was ist gemeint: Mordanschläge auf Andere? Wenn die Fremden nicht sofort zurückgeschickt, wenn sie nicht ›außen‹ bleiben, so die Logik, dann werden sie eben im ›Inneren‹ getötet?

Um den reißenden »Strom« einzudämmen, gilt es, Militärtechnik einzusetzen.

»Wie können wir den Flüchtlingsstrom über das Mittelmeer eindämmen? So:
Alle Flüchtlingsboote aufbringen, die Menschen mit höchstem Respekt be-
handeln und an der Küste absetzen wo sie gestartet sind. Das Flüchtlings-
boot versenken. 2-3 Monate und Niemand wird es mehr versuchen. Technisch ist die Überwachung mit Hilfe der Nato, Satelliten und Drohnen eher
ein mittelprächtiges Problem (Frau Roth wird sicherlich behaupten das sei
technisch gar nicht möglich).« (User I. am 29.8.2016, 22 likes, Fehler im
Original)

Sind Wohlstand und Kultur einmal eisern als Verteidigungslinie
gezogen, wird die Begradigung der Schlachtlinien »eher ein mittelprächtiges Problem«.

»Man könnte die Migration übers Mittelmeer und damit aus Nord- und
Schwarzafrika innerhalb weniger Wochen um weit als 90 Prozent senken,
wenn man einfach alle Boote auftreibt und zurück an die Küste setzt. Kos-
tet wenig, spart Abermilliarden an sozialen Folgekosten, wenn der Bevöl-
kerungsüberschuss aus Afrika nicht einreisen kann. Wenn die Migranten
wissen, dass sich die Investition in Migration und Schlepperei nicht mit An-
landung und Einreise und damit sicherer mehrjähriger de facto Teilhabe an
den Sozialsystemen Deutschlands armotisiert, machen diese das einfach
nicht mehr. Einfachste Ökonomie der Opportunitätskosten. Natürlich werden nicht über 99,9 Prozent Wirksamkeit erreicht, wie beim Zaun in Mazen-
donien, aber auch hier sind über 90 Prozent absolut nicht schlecht und kein
Argument fatalistisch die jungen Männer freiwillig rüberzuschippern.« (User
xy, 60 likes)[25]

Im populistischen Duktus, der verachteten Politikern das Zutrauen
in eigene im rauen Alltag erprobte praktische Lebensweisheit ent-
gegenhält und dabei »einfach« und beherzt internationale Überein-
kommen, (internationales) Recht beugt und seine Grundsätze auf
den Müllhaufen der Geschichte wirft, wiederholt sich das Bild des
jungen Afrikaners als Parasiten, der sich im ›Inneren‹ des Volkskörpers einnistet und Kosten verursacht. Es mischt sich mit dem rassis-
tisch-sexualisierten Bild vom potenten Afrikaner, der sich zu sehr
vermehrt und den Gewaltphantasien von »aufgetriebenen« und ans
Ufer geworfenen Booten und rechtlosem, »nacktem Leben« (Agamben 1995), das als Abfall des Wohlstands, als »human waste« (Bauman 2007: 28) in unsichtbarer Ferne im wahrsten Sinne des Wortes

entsorgt und vernichtet werden kann.[26] Das Dasein des besorgenden, besorgten Bürgers ist dann eine Sorge los.

Die aus der Ausrichtung am eigenen Orientierungshorizont täglichen Besorgens gewonnenen Muster richten sich gegen das Recht, gegen die *conditio humana*, sie plädieren für ›effiziente, technische‹ Maßnahmen zur Abwehr schwarzer Eindringlinge und Parasiten. Kurz: Sie bestreiten eine gemeinsame Welt und stellen Ethik und Moral gegen subjektives Empfinden, das, was das Selbst empfindet und Affekt empfiehlt, soll zu Politik/en werden, bleibt die Geschichte eigenem Leben doch immer noch etwas schuldig.

Tatsächlich ist der geleistete Aufwand zu Kontrolle und Fixierung sich bewegender Körper erheblich und befördert die ökonomischen Interessen der militärtechnischen Migrationsindustrie und der ihr angeschlossenen Forschungseinrichtungen und Grenzsicherungsorganisationen. Er sichert der europäischen Grenzagentur *Frontex*, der Militär- und Sicherheitsindustrie millionenschwere Aufträge für biometrische Informationssysteme (*SIS*), Drohnen und Satelliten. Nicht erst mit dem Grenzüberwachungssystem *Eurosur* hat sich ein dynamisches postkoloniales Grenzregime etabliert, mit dem Bewegung zunehmend technologisch überwacht und zugleich den Regeln des Managements und einer Effizienzlogik unterworfen werden soll. Die Techniken derzeitiger Regierung von Grenze und Mobilität verbinden das geltende Sicherheitsdispositiv, sie binden Überwachung, Krisenlogik und Militärtechnologie aneinander. Es lohnt also, diese in den Blick zu nehmen – auch und gerade, weil die die Bilder der Bedrohung, die Regierung der Grenze den aufzuspürenden Feind braucht. Die zum Feind Erklärten müssen sichtbar werden und mit ihnen die Helfer, die die Schleusen öffnen und das Land mit unerwünschten Menschen fluten.

Das militärisch-polizeiliche Überwachungszenarium soll Bewegung, die Ansammlung von suspekten Körpern erkennen und kontrollieren. Menschen, die der europäischen Qualitätsauswahl von *human capital* nicht genügen und denen aufgrund von Visapolitiken, bilateralen Vereinbarungen und Rückführungsabkommen mit den ehemaligen Kolonialstaaten, die Mobilitätswege versperrt werden, die als zu verteidigendes Privileg Europäern wie selbstverständlich offenstehen, können dann bestenfalls als Opfer skrupelloser Verbrecher und krimineller *Schleuserbanden* dargestellt werden. Bereits die Metaphorik bedient sich der Bilder der sozialen Imagination und verbindet Feind und Opfer.

Grenzen werden so über die Grenzen Europas verschoben und Grenzschutz wird outgesourct. Mit dem Palermo-Protokoll (2000) und der *United Nations Convention against transnational organized crime* (UNODC 2004, 2010) wurde der Einsatz gegen sogenannten Menschenschmuggel verstärkt. Unter dem Label »Better Migration Management« arbeitet die EU u.a. mit afrikanischen Staaten wie Eritrea und Sudan zusammen und schult den Grenzschutz der Diktatoren. Nicht umsonst gelten die *passeurs* nicht als Fluchthelfer, die Menschen aus diktatorischen Regimen die Flucht ermöglichen – arbeitet Europa doch mit diesen Regimen zusammen und fördert den offiziellen Menschenhandel – es fliessen Millionen für die postkolonialen Eliten, die im Gegenzug geschlossene Grenzen garantieren sollen. Tatsächlich arbeiten die – meist lokalen – Grenzunternehmer auf einem Markt und in einem riskanten Geschäftsfeld, das durch hohe Nachfrage geregelt wird. Auch sind oftmals diejenigen, die als Schleuser identifiziert und verhaftet werden, selbst Flüchtende, denen ein Rabatt auf die Kosten der Überfahrt gewährt wurde. Da die Schiffe mittlerweile auf hoher See versenkt werden, damit sie – durchaus übliche Praxis – nicht mehr zurückgeschleppt und erneut verwendet werden können, werden zunehmend Schlauchboote verwendet, die eine längere Seefahrt kaum überstehen und noch gefährlicher sind als die überladenen Fischerboote.

Neben den von der EU geförderten *Low Time Critical Border Surveillance* (LOBOS),[27] zielt *Eurosur Service Activations for Growing Eurosur Success* (SAGRES) auf die Überwachung von Schiffen auf hoher See und in den Häfen von Drittstaaten und trägt schon im Namen, was von Unternehmen verlangt wird: Markterfolg. *Sea Border Surveillance* (SEABILLA) erklärt:

»Today's European surveillance needs can be seen from multiple perspectives: Early warning means the capability to detect threats far beyond the European frontier, border surveillance means the capability to tackle irregular immigration and illicit trafficking of goods when they occur either at blue and green borders, territory control means the capability to meet the homeland and citizens security needs.« (Cordis 2016: 1)

Das Projekt macht deutlich, dass Grenzen sich nicht nur über die Grenzen Europas hinaus verschieben, es sucht die Optimierung segmentierter Überwachung »to increase the detection and tracking of small and non-reporting boats focussing Airborne, Spaceborne,

Land and Sea based surveillance« (Cordis 2016: 2) – kurz: es imaginiert die *grenzenlose* Überwachung *aller* Räume.

Offenbar muss derzeitige Ingenieurkunst und digitale Expertise nur ›Sicherheit‹ in den Anträgen rufen und öffentliche Gelder lassen sich problemlos beschaffen. Der *InteroOPERAble Approach to the European Union MARitime Security Management* (OPERAMAR) soll die »foundations for pan-European Maritime Security Awareness« legen und »unified data models for seamless exchange« liefern[28] *Transportable Autonomous Patrol for Land Border Surveillance* (TALOS) entwickelt unbemannte Landroboter;[29] *OPen ARchitecture for Unmanned Aerial Vehicle-based Surveillance system* (OPARUS) entwickelt Softwarearchitektur für Land- und Flugroboter.[30] *Wide Maritime Area Airborne Surveillance* (WIMASS) experimentierte mit vernetzten Drohnen.[31] Das *Integrated System for Interoperable Sensors and Information Sources for Common Abnormal Vessel Behaviour Detection and Collaborative Identification of Threat* (I2C)

»proposes for 2015 a new generation of innovative sea border surveillance system implementing key existing and in development capacities to track all vessel movements to early identify and report on threats associated to detected suspicious events.«[32]

Das 2008 mit EU-Förderung gestartete Verbundprojekt AMASS (*Autonomous Maritime Surveillance System*) wird von *Carl Zeiss Optronics* (»We make visible«) geleitet und verspricht Abhilfe gegen Europas »Kopfschmerzen« und die erneut ins Spiel gebrachte »Tragödie«:[31]

»Coastline control: a complex and costly challenge. Illegal immigration by sea has become a major headache in recent years. In fact, EU member states detected more than 48,000 cases in 2007 alone ... It is difficult to monitor – and is dangerous, often ending in tragedy. Other criminal activities, such as drug smuggling and terrorism, are also harder to police at sea. In short, controlling blue borders is a complex and costly challenge. Until now, border agencies have relied on ships, planes or helicopters to patrol and protect coastlines. But this approach is not completely reliable – and is a drain on vital resources such as money and manpower. That's why the EU is seeking a more effective response to the challenge.« (AMASS o.D.)

Die Broschüre des Projekts ist bunt bebildert und präsentiert – kaum überraschend – ein hoffnungslos überladenes Schlauchboot, auf das farbige Männer gepfercht sind. Eine Graphik zeigt ein solches Boot im Fadenkreuz von auf See angeordneten Detektorbojen. Mit diesen Bildern verspricht Zeiss »more accurate, more cost-effective monitoring of your shores« und bindet die soziale Imagination an Managementlogiken, Kosteneffizienz und Gründlichkeit – wir werden diese Bilder im Kontext humanitärer Einsätze wieder sehen.

Solche Programme – wie das in den Jahren 2011-2013 von der EU mit gut 1.3 Milliarden Euro geförderte 7. FRP Programm zu Sicherheitstechnik, intelligenter Überwachung und Grenzsicherheit –, können auf Partnerschaften zählen, die neben der europäischen Grenzschutzbehörde *Frontex*, nationalem Grenzschutz und Militär auch (universitäre) Forschungseinrichtungen und private Firmen zusammenbringen. Player auf dem globalen Sicherheitsmarkt sind hier u.a. die italienische *Finmeccanica*, der Ableger *Airbus* mit der Sparte Elektronische Überwachungstechnik zur Grenzsicherung, die französische Gruppe *Thales*.[34]

Hochauflösende Kameras, Bewegungsmelder, Infrarotkameras, seismische, magnetische, optische Sensoren, Kohlendioxyd- und Herzschlagdetektoren, Drohnen, Kampfroboter, Satelliten und Datenintegration, Maschinen sollen bewegte Körper aufspüren, die Fiktion einer *smart border* herstellen. Maschine gegen Körpermaschine und Lebensfunktionen, Atem, Herzschlag, Wärme. Nicht nur Sehen und Gesehen-werden – wie im alten Panoptikum –, es geht nicht nur um den kontrollierenden Blick: Dieser elekronische Menschenjagt geht es um das Aufspüren dessen, was ihm im Blick verborgen bleibt und als Extension von Körpern zur verfolgbaren Datenspur geworden ist.

Das bebilderte Katastrophen- und Krisenszenarium, die Regierung von Mobilität und der immer schon vergebliche Versuch ihrer Lenkung und Kontrolle, läßt sterben, es bringt erst hervor, was dann nicht zufällig als ›tragisch‹ benannt wird und menschlichem Zutun entzogen sein soll. Wenn die Tragödie die schicksalhafte Verstrickung in eine aporetische Situation, die Katastrophe beschreibt, in der Handelnde immer nur schuldig werden können, dann ist der vielfache Tod auf See keinesfalls unverschuldet, sondern direktes Resultat von Politiken des Grenzregimes – das tragisch deshalb ist, weil es auf das Paradox der Demokratie verweist, die die Fremden, die Untergehenden von der Deliberation ausgeschlossen hat und die partikulare Staatsraison und Kosten-Nutzenkalkül, generalisierte Ökonomie vor Ethik und universalen Menschenrechten privilegiert.

Der technische Aufwand ist gewaltig, damit mobile Menschen höhere Kosten auf ihren Wegen aufwenden müssen. Die Bebilderung der Delirien technologischer Dominanz, die Visualisierungsstrategien der Migrationsindustrie übernehmen das bekannte, rassistische Bild des mit männlichen Schwarzen überfüllten Bootes und der ›Tragödie‹. Das wieder und wieder verwendete Bild von der feindlichen ›Invasion‹ verkehrt die koloniale Situation – es baut auf Vergessen, Verschweigen, Verdrängen des europäischen Kolonialismus und setzt einen historischen Revisionismus ein. In diesen Bildern steht Europa vor der Gefahr der Invasion schwarzer Massen, die sich nehmen, was ihnen genommen wurde. Die bedrohlichen Bilder von den über das Meer kommenden Massen zeigen das Phantasma des Kolonialismus: Die Kolonisierten kehren zurück, sie werden zu unheimlichen untoten Wiedergängern:[35] »*Wir sind Europas Alptraum*«, so hat mir einmal ein aus Nigeria Geflüchteter auf Sizilien erklärt und die beunruhigende Präsenz derjenigen kenntlich gemacht, deren Anwesenheit ständig übersehen werden muss, damit sie aus den Erzählungen der europäischen Moderne herausfallen. Die Bilder etablieren zugleich doppelte Zeitstrukturen. Während sie einmal verdrängte Vergangenheit einer prekären, vom Ansturm bedrohten Gegenwart gegenüberstellen, so verweigern sie den Ankommenden eine Zukunft und die Einrichtung einer Normalität.

Diese ständig übersehenen, zu übersehenden Spuren europäischer Vergangenheit und kolonialer Verwicklungen erzeugen eine erstaunliche Bewegung zwischen Sichtbarkeit und Unsichtbarkeit. Dem sichtbaren Grenzspektakel, das Illegalisierung und Exklusion sichtbar macht, steht die unsichtbare Inklusion in das Aufnahmesystem und den Arbeitsmarkt für Rechtlose zur Seite und verbindet sich zu »Obszönität« einschliessenden Ausschlusses (De Genova 2013: 1). Trotz ihrer medialen Sichtbarkeit auf dem Meer werden die Überlebenden der Überfahrt dann doch sogleich wieder unsichtbar. Nicht nur auf Lampedusa werden sie mittlerweile umgehend in das Aufnahmelager am Rande des Ortes gebracht und dürfen dieses ebenso wenig verlassen, wie der Öffentlichkeit der Zutritt gestattet wird. Damit wird reproduziert, was ihren Status als *clandestini* ausmacht und die (semantische) Nähe des Fremden zum Geheimnis und potentieller Gefahr wiederholt. Die italienische Bezeichnung für Illegalisierte, *clandestini*, verweist auf das, was »geheim gehalten oder insgeheim getan wird«, weil es »verboten ist«. Der lat. Stamm *clam* bedeutet »versteckt«, abgeleitet von *kal/cal* als das, was vor dem

Tag verborgen ist und »vor dem Licht, dem Tag versteckt wird oder das Licht scheut«, wie das italienische etymologische Lexikon weiß. *Clandestino* zeigt also auf das, was »geheim gehalten oder insgeheim getan« wird, weil es »verboten ist«. Das Geheimnis, darauf hat Jacques Derrida (2002: 198) hingewiesen, ist das »Abgesonderte«, das die doppelte Präsenz der *clandestini* auszeichnet: abwesend und anwesend, unsichtbar und sichtbar.[36]

Gleichzeitig jedoch müssen die Unsichtbaren, die versteckten Feinde als vermeintliche Gefahr jedem sichtbar werden, damit Grenzpolitiken, Praktiken des Grenzregimes und ökonomische Interessen gerechtfertigt werden können. Der Medienblick, die Erzeugung von Sichtbarkeit und die Inszenierung des Ansturms von (schwarzen) Massen, des politisch und medial ständig beschworenen ›Exodus biblischen Ausmaßes‹ dienen damit der Produktion von Fremden, von Illegalen und Flüchtenden und werden zum Teil des tragischen Grenzregimes.

Die vorherrschenden medialen Darstellungen wiederholen juristische Klassifikationen und unterscheiden zwischen Flüchtling und Flüchtling. Auf der einen Seite steht die Figur des sogenannten ›Wirtschaftsflüchtlings‹, dem es nicht nur um reines Überleben und die Verbesserung seiner Situation geht, sondern der eine individuelle Wahl, einen Willen verantworten muss und autonom handelt. Das ist, was nicht verziehen werden kann und die Figur des Opfers, der Unschuld gegen die Figur der Autonomie, freien Willens und des potentiellen Feindes stellt. Das ist der Vorwurf an den sogenannten Wirtschaftsflüchtling. Nicht nur Parasit am Volkskörper, am Wohlstand anderer, sondern auch: autonom handelndes Wesen. Paradox genug, Autonomie und freier Wille sind nun gerade die Kennzeichen des modernen Subjekts.[37] Dem hilflosen Opfer von Krieg, Verfolgung und kriminellen Schleppern kann nachgesehen werden, was den anderen nun gerade als Gefahr kennzeichnet: Autonomie, Wahl, Entscheidung, Urteil und Strategie.

2. Opfer: Humanitarismus und Migrationsindustrie

Auf der einen Seite zeigen die Bilder den Flüchtling als Aggressor, als Invasor, als Parasiten am Volkskörper. Auf der anderen werden Flüchtende zu unschuldigen Opfern grauenhafter Umstände, zu Opfern von Krieg und Gewalt, die nichts anderes suchen, als das schiere Leben in Sicherheit zu bringen und dafür erschreckende Risiken auf sich zu nehmen bereit sind, ja nehmen müssen. Der Fremde, der angsteinflößende, bedrohliche Feind wird auf diese Weise neutralisiert, er wird zu einem passiven, hilfsbedürftigen Objekt, zu einem Schutzbefohlenen, der sich für gewährte Zuflucht und Asyl dankbar erweisen muss.

»Das Opfer ist der Held unserer Zeit«, bemerkt Daniele Gigliolo bündig (2016: 9). Mobile Menschen werden in diesen Bildern, in diesem Diskurs nur als Opfer gezählt und sind nur als solche repräsentierbar. Die soziale Imagination entwirft eine »Topik des Gefühls und der Ästhetik« (Boltanski 1993: 10), sie erkennt und schafft im elenden Bootsflüchtling das Opfer und macht ihn zu einer Ikone. Eine solche Bewegung kann auf ein langes Erbe zurückblicken. So erwächst Caritas aus Nächstenliebe, einem Kern christlicher Botschaft, sie erweist sich nicht als und im Gefühl, sondern im Handeln:

»Denn ich war hungrig und ihr habt mir zu essen gegeben; ich war durstig und ihr habt mir zu trinken gegeben; ich war fremd und obdachlos und ihr habt mich aufgenommen; ich war nackt und ihr habt mir Kleidung gegeben; ich war krank und ihr habt mich besucht; ich war im Gefängnis und ihr seid zu mir gekommen [...] Was ihr für einen meiner geringsten Brüder getan habt, das habt ihr mir getan.« (Vom Weltgericht, Mt 25, 35-40)

Die Werke der Barmherzigkeit – die eben ungefragte Aufnahme von Fremden umfassen – unterbrechen die Reziprozität, die Kette von Gabe und Erwiderung, sie unterbrechen die Logik des *Do ut des* (ich gebe, damit du gibst), ebenso wie die Caritas, die nicht zufällig aus der »egalitären Mahlgesellschaft« hervorgeht (Angenendt 2015: 43). Caritas erweist sich nun aber nicht als und in Sentiment und Gefühl für bedauernswerte Opfer, sondern in konkretem Handeln. Waren Misericordia und Caritas, Barmherzigkeit, Mitleid und Solidarität einst an Religion, christliche Botschaft und dann einen auch moralphilosophisch abgesicherten Universalismus gebunden oder großen Erzählungen von (politischer) Befreiung und damit einer objektiv darzustellende Leidenssituation und der Distanz der Erkenntnis dieser Situation verpflichtet, so steht – nicht zuletzt durch die Alltäglichkeit digitaler Medien, die Ubiquität von Bildern – mittlerweile die Subjektivität derer im Vordergrund, die das Leid anderer betrachten. Ironie hat den Universalismus verdrängt, Authentizität hat Distanz und Urteil ersetzt, Wissen und Erkenntnis sind subjektiver Meinung gewichen. Appellierten diese Bilder früher an die *pietà*, so ist die »Ethik der *pietà*« mittlerweile durch eine »Ethik der Ironie« ersetzt, die an »individualistische Moral« und »oftmals narzisstische« Subjektivität und Gefühl appelliert (Chouliaraki 2014: 24, 26, 28). Erlaubte der Akt der Caritas, religiöses Zeugnis abzulegen, Gutes zu tun und das Seelenheil zu gewinnen, so ist er, wie Überzeugung auch, zu Konsum geworden und Solidarität integraler Bestandteil der Lifestyle-Industrie und ihrer um Aufmerksamkeit konkurrierenden Identifikationsangeboten mit Prominenten, *Celebrities*, wie Chouliaraki im Anschluss an Richard Rorty den »ironischen Zuschauer« und die »post-humanitäre« Imagination kennzeichnet.[38]

Die Bilder vom Fremden als Opfer verweisen auch auf eine Erbschaft, die einmal die Ambivalenz des Gastes (*hostis/hospes*) und den Status des Fremden zwischen Freund und Feind deutlich machen, den Gast aber auch in die Nähe des Heiligen und des Opfers rücken, bezeichneten *hostia humana* und *hostimentum* doch eine Sühne, ein Opfer und schufen, wie der Sündenbock, ein Verhältnis zwischen der Gemeinschaft, den Göttern, dem Fremden und dem Feind und organisiert diese: *hostia* (das Opfer, die Opfergabe) bezeichnet, »im Gegensatz zu ›*victima*‹, dasjenige Opfer, das den Zorn der Götter zu beschwichtigen« hatte, bemerkt Bahr, sie galt als Sühne und Gabe »für ihren ›Gewaltverzicht‹« (1994: 27-28).[39] In diesem Erbe gehören

Opfer und Sündenbock zusammen, sie begründen ein Verhältnis zwischen dem Heiligen und der (politischen) Gemeinschaft.

Im post-humanitären Zeitalter werden Opfer und Leid in einer doppelten Bewegung ent-sakralisiert um sogleich wieder sakralisiert zu werden. War das Sakrale hierarchisch organisiert, dem Profanen entzogen, so wird posthumanitäre Sakralität in subjektivem Schock, in Emotion und Betroffenheit zugänglich, individualisiert und durch die transnationale Zirkulation von Bildern vernetzt. Diese Bilder können sich auf ein, wenn auch umgedeutetes, Erbe verlassen. Auch die christliche Ikonographie nimmt den Bezug zu Opfer und dem Heiligen auf. Francesca Falk hat in ihrer Auseinandersetzung mit der Darstellung der *Pietà* bei Giovanni Bellini und dem Foto eines auf Lampedusa ankommenden somalischen Flüchtlings überzeugend auf die Wirksamkeit der überlieferten Ikonographie hingewiesen, denn

»Jesus is supported in a very similar way as the Somali refugee in the picture taken at the harbour of Lampedusa. An angel holds the bent arm of Jesus, so that the stigmata of Christ become visible. We can find the same posture, though as a reversed image, in the photograph of the Somali refugee.« (Falk 2010: 88)[40]

Weitgehend religösen Gehalts entleert, blickt im Photo einer Rettungsaktion auf Lampedusa das (schwarze) Opfer den Betrachter mit großen Augen direkt an und bestätigt, was Susan Sontag über die vorherrschenden Frontalaufnahmen von Opfern oder Sterbenden in fernen Ländern bemerkt hat (2003: 56). Das Opfer muss seinen Körper ausstellen, zur öffentlichen Besichtigung freigeben, um zum Opfer zu werden.

So konnte auch Nilüfer Demirs Photo von Alan Kurdi am Strand von Bodrum 2015 zur transnationalen Ikone von unschuldigem Leid und Opfern werden.[41] Das Bild ist um die Welt gewandert: Ai Weiwei hat die Szene mit seinem Körper dargestellt, am Strand von Rabat wurde diese Geste von Einheimischen wiederholt und am Gazastreifen entstand eine dem Bild nachempfundene Sandskulptur. Der Künstler Carlo Carli hat das Bild in eine graphische Darstellung des berühmten Bildes Deposizione dalla Croce (1526-1528) von Jacopo Carucci (Pontormo) eingefügt, das in Santa Felicita in Florenz zu sehen ist – und das Bild *Aylan 2015 – 3/A* Papst Franziskus geschenkt. Im von Bildern saturierten Alltag verbürgt besonders der Körper die unmittelbare Versicherung von Authentizität, von unmittelbarer, unleugbarer Zeugenschaft und verspricht Aufmerksamkeit. Nicht zufällig hat das *Zentrum für Politische Schönheit* die Überführung der Leichen von Bootsflüchtlingen zur medienwirksamen Aktion gemacht, das man teilen und liken darf – Ende August 2016 hatte die Seite 182.548 likes (Zentrum für Politische Schönheit 2016).

Auf diesem Markt gilt es, emotionalen Eindruck zu hinterlassen. Der direkte Blick des Leidenden, dem man kaum ausweichen kann, appelliert im humanitären Opferdiskurs an Gefühl, (die einstige) christliche *Misericordia* und: an Spendenbereitschaft zur Linderung der Not. Der De/Re-Sakralisierung des Opfers und seiner Darstellung folgt die Kommerzialisierung, die um das begrenzte Aufmerksamkeitskapital des Publikums und seine Spendenbereitschaft ringen muss. »Photographien«, darauf hat bereits Susan Sontag hingewiesen, »cannot create a moral position, but they can reinforce one – and can help build a nascent one« (Sontag 2005: 13). Sie müssen sich zudem darauf verlassen, dass das festgehaltene Ereignis bereits benannt wurde, sie können sonst kein Zeugnis ablegen. Die moralische Berührung bedarf zudem der »existence of a relevant political consciousness. Without a politics, photographs of the slaughter-bench of history will most likely be experienced as, simply, unreal or as a demoralizing emotional blow« (ebd. 2005: 14). Bilder berühren, schockieren, wenn sie Neues zeigen, etwas noch nicht Gekanntes deutlich machen und einen Moment »negativer Epiphanie« hervorbringen (ebd. 2005: 14), sie sind subversiv, wenn sie Urteil und Distanz erlauben. Die Verbreitung der Horrorbilder jedoch, ihre Wiederholung, ihre Serialisierung dient kaum der Sensibilisierg, der moralischen Deutung, sie lässt im Gegenteil abstumpfen. »The vast photographic catalogue of misery and injustice throughout the world has given everyone a certain familiarity with atrocity, making the horrible seem more ordinary – making it appear familiar, remote [...], inevitable« (ebd. 2005: 15). Zwischen Unsichtbarkeit und Hypervisibilisierung, Bestürzung, Verstörung nisten sich Gleichgültigkeit und Apathie ein. Die nicht abreissende Bilderkette erzeugt nichts anderes als den unaufhörlichen Verweis auf sich selbst. In diesem Sinne gehören die wieder und wieder erzeugten Bilder der »einförmigen« Photographie zu, weil »mit ihr nur eine Folge aus der Ausgangsstruktur erzeugt wird«. In diesen Bildern gibt es, wir Roland Barthes bemerkt, kein »*punctum*« (1986: 50, 51).

In der dermassen erzeugten Mischung aus Ununterscheidbarkeit und Bedeutungslosigkeit führt mediale Sichtbarkeit zur Unsichtbarkeit.

»Needing to have reality confirmed and experience enhanced by photographs is an aesthetic consumerism to which everyone is now addicted. Industrial societies turn their citizens into image-junkies; it is the most irresistible form of mental pollution.« (Sontag 2005: 18)

Aufmerksamkeit ist Teil der ökonomischen Zirkulation, sie ist einzusetzendes Kapital, wie Georg Franck (1998) feststellt. »Today everything exists to end in a photograph«, bemerkt Susan Sontag (2005: 19) und dies gilt umsomehr für die zeitgenössische Ubiquität von Medienerzeugnissen, in denen real nur das ist, was in die Medienkanäle eingespeist und archiviert wurde. Das bemitleidenswerte Kind mit großen Augen ist dann nichts anderes als willkommener Werbeträger für die Organisation, von der es vor dem sicheren Ertrinken gerettet wurde. Alles wird von Produktion und Konsumption aufgesogen und sei es die Rettung der Todgeweihten.

Nun führt die doppelte Zeitstruktur der uns vorgeführten Bilder Vergänglichkeit und Tod immer schon mit, denn sie zeigt stets das, was einmal gewesen sein wird und was unweigerlich einmal sein wird (Barthes 1986: 95). Was im Register der Affekte jedoch zentral ist, ist der Verweis auf Machtlosigkeit und Verletzbarkeit. Auch die Fixierung auf einen Ausschnitt des Darstellbaren macht genau dies deutlich. Die Bilder heften sich in unendliche Wiederholung auf dramatische Momente, die den Gegensatz von Hilflosigkeit und Aktion, Leben oder Tod skandieren. Das Opfer muss einerseits individualisiert werden, der Zuschauer an den fürchterlichen Details seines Leids beteiligt sein, es muss andererseits gleichzeitig zum universalisierbaren Opfer werden, um Affekt und Identifikation zu erlauben – das Leid des Anderen offenbart mein Leid, meine Verwundtbarkeit, Verwundbarkeit als solche. Referent der Bilder ist kaum der gerade verzweifelt um sein Leben kämpfende Einzelne, der immer namenlos bleibt, sondern die allgemeine Verwundbarkeit, die Verletzbarkeit, Prekarität des Körpers. Opfer sollen zu individuell erkennbaren Opfern und ihren Geschichten werden und müssen doch zugleich universalierbar und damit austauschbar sein, damit Aufmerksamkeit, Subjektivität und narzisstisch-pathische Projektion sich an sie heften können.

Rettung erhebt Anspruch auf Gefügigkeit. So sind die Geretteten angewiesen, ihre Geschichte zu erzählen. Gewohnt an eine besondere Art und Weise von Subjektivität und den Entwurf eines souveränen Subjekts, das sowohl Autor seiner Geschichte und Geschichten als auch deren Bedeutung ist, die das Erzählen von Geschichten verlangt, soll das Opfer uns jetzt beständig seine traumatischen Erlebnisse erzählen – Erfahrung ist in die derzeitig gefragte Form des Storytelling zu bringen, sichert die biograpisch überhöhte Subjektivität des Helfers ab, verbürgt Authentizität und unmittelbare Emotion:

»I am a media officer for Save the Children Italy working in Sicily, a region that includes the island of Lampedusa. My role is to *give a voice* to child migrants who come to our shores. My *amazing adventure* with Save the Children began last July [...] One thing that is *always shocking* to hear is what children have endured in Libya. [...] *I love to tell the story* of the little Syrian girl called Hayat. [...] I remember when we received a landing of about 800 people, migrants who came ashore on a cargo boat. An old woman had disembarked, and all of her life was in a little plastic bag. She sat on the dock and started crying inconsolably. A few days later I saw her in the first reception centre. She had been given clothes, food and a place to sleep. She gave me a hug and started to caress my hair. Little gestures like this are small *tokens of humanity that keep me going*. These stories teach us so much and they give the Save the Children team and me the motivation to make a difference.« (Di Benedetto 2015, Herv. HF)

Das Opfer, dem eine Stimme zu geben sich die Retterin berufen fühlt, konstituiert eigene, professionelle Identität und Subjektivität, die Darstellung bindet zusammen, was diese mittlerweile ausmachen muss, um erfolgreich kommuniziert werden zu können: biographische Erzählung, erstaunliches Abenteuer, eigener Schock und Motivation. Kurz: Individualisierung und die emotional, narzistisch gesättigte Subjektivierung einer doch objektiv gegebenen Situation, einer durch Governance hergestellten Lage, zu deren Teil der persönliche Hilfseinsatz geworden ist.

So verschiebt sich in manchen Schilderungen persönlichen Einsatzes die Opferposition. Unter der Überschrift »Logbucheintrag #25: Volle Fahrt voraus, um weitere Leben zu retten« vom 28.07.2016, die alte Seefahrerromantik mit Medienvermarktung verquickt, werden die Retter zu Opfern der Rettung, nicht ohne vorher auf die tragische Szene zu rekurrieren und sie wiederholt zu haben.

»Für die, die bei der tragischen Rettung am 20. Juli dabei waren und durch schmerzhafte Momente gehen mussten, wie Mathias, James, Bertrand und Tom, ist es an der Zeit, weiter zu machen und diese noch immer zu präsenten Bilder zu verarbeiten. Sie haben die vier Tage an Land genutzt, um sich psychologisch betreuen zu lassen, um sich auszuruhen und abzuschalten.« (SOS Mediterranee 2016)

Das Opfer verlangt nach Rettung, die mediale Vermarktung verlangt nach dem Helden der Rettung, die jedoch ihre eigene, gebrechliche Menschlichkeit zeigen müssen, um als authentisch sich vermarkten zu lassen. Das Leben riskieren, um anderen zu helfen, der barmherzige Samarither, christliches Motiv mischt sich mit Heldentum, das dem Publikum authentisch dargebracht werden muss. Eigener Schock – wir werden das Motiv auch im kritischen Diskurs noch einmal sehen – muss erfolgreich kommuniziert werden, damit die Heldenerzählung die Identitifikation mit dem tatkräftigen Retter, dem Helden ebenso erlaubt wie mit dem bedauernswerten, hilflosen Opfer.

In der von Michel Serres beschriebenen parasitären Logik kann man sagen, der Retter ist – wie Künstler oder Medienarbeiter – auf den Körper des Anderen angewiesen, der Retter ist der Parasit am Opfer.[42] Das hilflose Opfer ist dem Austausch entzogen, es unterbricht den ökonomischen Austausch – es nimmt und gibt nichts – und hat dennoch Anteil, denn es verschafft und sichert eines: Aufmerksamkeit und Prominenz. Die Aufmerksamkeitsökonomie ist zum Teil der post-humanitären Migrationsindustrie und dem Geflecht aus NGOs geworden, die um öffentliche Aufträge und Spenden konkurrieren – die Notstandsszenarien wiederholen und in die Sprachen humanitären Unternehmertums bringen.

Auf Lampedusa ist nicht nur *Save the Children* präsent, auch *Terre des Hommes* engagierte sich und hat »während der Notsituation Nordafrika« im Jahr 2011 dort ein Projekt begonnen (*Faro I-III*, Leuchtturm I-III), das sich bis Ende 2013 »im Angesicht der vielen Anlandungen (*sbarchi*) [...] der Notsituation Minderjähriger auf der Insel« widmete und auch Unternehmen zu Spenden bewegen konnte.[43] Sichtbarkeit der Opfer geht einher mit Sichtbarkeit von Unternehmen, der Hilfsorganisation und ihrem Branding.

Wie viele staatlichen Aufgaben auch, wird Search and Rescue (SAR) zunehmend privatisiert, humanitär begründet und hat der Zuschauer vom sicheren Ufer aus Anteil an ›tragischen‹ Szenen und deren Vermarktung.[44] Derzeit sind im Kanal von Sizilien unterwegs *Médecins Sans Frontières* (mit den Schiffen Bourbon Argos und Dignity I), der MSF-Partner *SOS Mediterranée* (Aquarius), *Sea-Watch*, *Sea-Eye*, gegründet 2015 von dem Unternehmer Michael Buschhheuer, die spanische *Proactiva Open Arms* (Astral), die *Migrant Offshore Aid Station* (Moas) mit der Phoenix.[45]

Unter Einsatz eigenen Vermögens und durch Crowd-Funding hat das Ehepaar Catrambone *Moas* mit Sitz auf Malta gegründet und sich der Rettung von Bootsflüchtlingen auf dem Mittelmeer verschrieben. Aus der Biographie von Christopher Catambrone:

»After university, I found myself working in some of the world's most dangerous places including Iraq and Afghanistan [...] In 2006 I founded Tangiers, now a leading global business specializing in insurance, emergency assistance, on-the-ground claims handling and intelligence services.« (Catrambone 2015)

Humanitärer Einsatz und wirtschaftliche Interessen treffen hier zusammen, ist Christopher Catrambone doch Chief Executive Officer von *Tangiers*, einer Versicherungsgruppe:

»The Tangiers Group of companies provide a comprehensive, high-quality range of specialist services including: Specialist insurance products for dangerous and remote areas Custom-designed for contractors, relief workers, adventure travellers, translators, missionaries, NGOs, journalists, embassy staff and more. Medical and repatriation expenses, kidnap and ransom covers, emergency, security and political evacuation. Experienced support, assistance and automatic coverage for acts of war or terrorism [...] Aviation insurance specialist [...]. Licensed for all classes of insurance [...]. All-inclusive approach includes risk management and safety training Unmanned Aerial Vehicle (Drones) insurance specialist.« (Catrambone 2015a)

Tangiers ist u.a. Teil der *Organisation for Better Security* (OBS) und liefert »Frontline Intelligence« (OBS 2015).

SAR wird vom Gründer einer Versicherungsfirma betrieben, die sich u.a. mit »risk management, safety training« und »intelligence« in Risikogebieten beschäftigt und über Drohnen verfügt. Humanitärer Einsatz, Militär und Polizeiarbeit gegen Schleuserbanden – vermischen sich und dem medial gefeierten Philanthropen werden keine weiteren Fragen gestellt.

»Catrambone's business includes, he says, both caring for ›heroic‹ wounded conflict-zone workers (including multiple amputees) and being part of the ›financial arm of war‹. He is coy about his worth, but Bloomberg reports he made his first $10m by the age of 30. His company covers everything from healthcare to emergency evacuations to kidnapping, while Catrambone styles himself ›a humanitarian, entrepreneur and adventurer‹. Friends describe him as a compulsive, energetic and tenacious producer of ideas and solutions, who enjoys the drama and challenge of working in some of the world's toughest spots.« (Tremlett 2015)

Tatsächlich wird das schon länger geübt: »Marktlösungen durch aktive Unternehmer« ist die neoliberale Antwort auf Politik. Schumpeters Figur des dynamischen Unternehmers leistet Pionierarbeit und verschafft sich solang Marktvorteile, bis das Modell kopiert wird: »Catrambone is an active entrepreneur who has provided a market response to an increasing problem: the plight of thousands of Europe-bound migrants drowning and dying in the sea before they ever reach the shore.« (ESFL 2015).[46] Marktgerechte Lösungen und Vorschläge zum Menschenhandel sind – wir werden das noch näher sehen – dann nur konsequent, wie Verschmutzungszentrifikate dürfen dann auch Menschen ge- und verkauft und nach Wert ersteigert werden.[47]

»Die großen Umsatzträger« von »Schiebel Industries« und »Stolz der österreichischen Luftfahrtbranche« sind Camcopter. Sie gelten als »der Shootingstar auf großen internationalen Flugmessen: Drei Meter lang, hundert Kilo schwer, bestückt mit Sensoren und Elektronik, ist der unbemannte Hubschrauber für militärische und zivile Zwecke im Einsatz.« (Der Standard 2009). Die *Phoenix* ist u.a. mit Drohnen der österreichischen Firma Schiebel ausgerüstet.[48]

»Migrant Offshore Aid Station (MOAS) searches one of the main smuggling routes from Libya, to Italy in the hope to rescue people in danger. They are using Schiebel CamCopter S-100 drones which puts my DJI Phantom specs to shame, with speeds of up to 150mph and can stay airborne for an impressive 6 hours.« (DroneBlog 2015)

Der medial als philanthropisch-humanitär gerühmte Drohneneinsatz – die Unternehmensgruppe Tangiers versichert u.a. Drohnen –, führte u.a. zur Verhaftung des 32-jährigen Somaliers Ahmad Abderahman Abdelkader, der sich auf einem Flüchtlingsschiff befand und dem dann Beihilfe zur illegaler Immigration vorgeworfen wurde (Repubblica 2016). Unternehmertum, humanitärer Einsatz, Militärtechnologie und Polizeiaufgaben kreuzen sich in diesem privaten Engagement. Zur ersten Fahrt der *Phoenix* eilten Maltas Regierungschef – im Streit um SAR-Zonen und die Aufnahme der Geretteten überließ Malta die Rettung oft den italienischen Einsatzkräften – und der ehemalige Verteidigungsminister heran und gratulierten dem erfolgreichen Unternehmer.

Ein weiteres Projekt, *Sea-Watch*, wurde von dem Deutschen Harald Höppner gestartet und in einer Talkshow medienwirksam zur besten Sendezeit vorgestellt. Auch die deutsche Auswanderersendung (Vox) zeigt den Helden privater Rettungsunternehmung, Harald Höppner im Abenteuermodus auf hoher See. Seenotrettung schafft Prominenz, wird zum aufregenden Medienereignis und seiner Erfolgslogiken, das vor allem die Heroen des Humanitären feiert und Spenden einbringt.

»Lampedusa. Die Sea-Watch ist am Ort ihrer Bestimmung angekommen. Nach 3000 Meilen Überfahrt um den europäischen Kontinent herum. Es war geplant, das Basislager in Malta aufzuschlagen. Aber kurzfristig hat sich die Möglichkeit auf der italienischen Insel ergeben, die mitten im Mittelmeer zwischen Tunesien und Sizilien liegt und damit 50 Seemeilen näher an unserem Ziel-Einsatzgebiet vor der libyschen Küste. [...] Einige Crew-Mitglieder, die bei der Überfahrt dabei waren, sind wieder heimgeflogen, neue sind zur Kern-Crew gestoßen. Klar, dass sich das erst einspielen muss. Die Medien waren auch dabei. ZDF, Vox. Der Reporter Michael Hölzen vom rbb (Rundfunk Berlin-Brandenburg) will ein tägliches Tagebuch für Radio und Regionalfernsehen machen. Unser Projekt ist auch als Medienprojekt angelegt.«[49]

Die »große Politik sei nicht sein Ding. Er sei eher der Macher, ein Mann für pragmatische Lösungen«, so Höppner im Interview:

»›Kapitän Hoffnung‹, nennt ihn der Boulevard. Den Robin Hood der Flüchtlinge. Einen unerschrockenen Kämpfer für das Recht auf Asyl, ›allein gegen die Schlepper-Mafia‹. Das klingt nach Heldenverklärung. Er grinst verlegen, wenn man ihn auf die Schlagzeilen anspricht. Harald Höppner sagt: ›Okay, wenn's der Sache dient.‹« (Hildebrandt 2015)

Spektakuläre Aktion – »etwas für ganz harte Kerle« (Hildebrandt 2015)[50] – von den Medien ko-produziert und von NGOs schon lang eingeübte Praxis, macht den Retter zum gefeierter Heros, zum sich selbst feiernden Kämpfer: Auch hier ist ein spannungsreiches Verhältnis eingesetzt, die Sichtbarkeit der Helden der Rettung, verlangt die Unsichtbarkeit der Geretteten, die bestenfalls eine das Publikum ergreifende Geschichte erzählen dürfen. Rettende Engel sind zu rettenden Helden geworden. Auch hier findet ein Figurenwechsel, ein kannibalistische, parasitäre Operation statt, die den Parasiten parasitär verschlingt und gebraucht.

Zugleich zeigt private Rettung die Permeabilität zwischen humanitärem Engagement und Unternehmertum, eine doppelte Angleichung. Die Bilder der auf Facebook und Twitter ›geteilten‹ spektakulären Rettungsaktionen verkaufen eine Marke und unterscheiden sich kaum noch vom Verkaufsslogan: *Just do it!* Sie zeugen von Subjektivität schaffendem Pragmatismus, in dem nur das unbestritten und Fakt ist, was getan wird. ›Tu' es einfach!‹ – der Pragmatismus des Einfachen grenzt sich nicht nur gegen (politische) Aushandlung ab, er suggeriert auch einfache Lösungen.

»Nacht über dem Mittelmeer. Die Sea-Watch schaukelt sanft auf den Wellen, drumherum ist Dunkelheit. Wir sind im Zielgebiet, kurz vor der Grenze zum libyschen Hoheitsgewässer. Ein aufregender Tag ist zu Ende. Unser erster echter Einsatz. Schon am Sonntag hatte unser Satellitentelefon an Bord ein paar Mal geklingelt. Watch the Med, die private Überwachungsplattform, und Italiens Küstenwache haben uns darüber informiert, dass ein Schiff mit Flüchtlingen gesichtet wurde. Aber wir mussten nicht eingreifen, weil ein Handelsschiff näher dran war. Gut so. Wir stehen hier nicht in einem Retter-Wettstreit« (Hahn 2015)

Die Sprache humanitären Notstands schwankt zwischen Seefahreromantik, exotischem Abenteuer, männlicher Entschlossenheit und menschlicher Misere. Gegen die anästhisierende tägliche Flut banaler Bilder etabliert sich das *public viewing* des Schreckens. Die Photos zeigen die auf den Booten mit dem Tode ringende Menschen nicht aus der Ferne, als Tele-Vision, in der Aktion der Retter kommen die Untergehenden ganz nah. Der Zuschauer soll sie sehen, die Aktion der Retter, dem Blick deutlich werden soll die Dynamik der Situation. Unter der Überschrift »Er hört, wie sie schreien, er sieht, wie sie zittern, er riecht, wie sie stinken« wird eine Rettungsaktion der 2015 gegründeten Organisation *SOS Mediterranée* beschrieben, die sich den Aufbau einer europäischen Seenotrettungsgesellschaft nach deutschem Vorbilde vorgenommen hat:

»Vogel misst die Entfernung: ›Nicht mal acht Seemeilen‹, sagt er. ›*Fuck*‹, sagt der Chief, ›das ist nah.‹ Der Chief tippt die Koordinaten ins Navigationssystem ein und ändert den Kurs auf Nordwest. Er legt den Steuerhebel um. Volle Kraft voraus. Die Motoren der *Aquarius* dröhnen, die Bugwellen schäumen, der Rumpf durchschneidet die glatte See. Es ist jetzt 5.40 Uhr. Noch eine knappe Stunde, dann müssten die Männer das Schlauchboot erreichen... Es ist in diesem Moment, als fahre Klaus Vogel mit seinem Rettungsboot in eine Filmkulisse hinein: Schlauchboot mit Afrikanern, im Hintergrund das weite Meer. Zigfach gezeigt in den Beiträgen der Nachrichtenmagazine und Brennpunktsendungen. Elend in Dauerschleife. Unzählige Male hat Vogel dieses Bild gesehen. Jetzt aber, da es nur noch wenige Meter sind, hört er, wie die Menschen schreien, er sieht, wie sie zittern, er riecht, wie sie stinken. Der Gestank ist stärker als der Wind.« (Lobenstein 2016)

Individuelle Leben werden nicht nur in endlosen Zahlenreihen, in anonymisierenden Statistiken ausgelöscht und Agency negiert,

»language may ›Other‹ sufferers when it subsumes them under the general rule of numerical attributes, collective references or statistics. Such semiotic choices *annihilate* the sufferers [...] – that is, they deprive the sufferers of their corporeal and psychological qualities and remove them from the existential order to which the spectators belong.« (Chouliaraki 2006: 89)

Auch und gerade die Vorführung der namenlosen Opfer und ihres Überlebenskampfes, die den Zuschauer tatsächlich zum Voyeur macht, die Zurschaustellung vollkommener Hilflosigkeit, gerade die drastische Emphase, gerade die ständigen Schilderungen nackter Physis, der verletzbaren Kreatürlichkeit des Opfers machen den anderen Körper zum Anderen.[51] Die Webseite von MSF lädt zur Vorführung ein:

»Das Wasser stand mir bis zu den Waden. Der Geruch nach Treibstoff war unglaublich stark, und es roch auch streng nach Urin und anderem. Es war sehr schwierig, nicht auf einen menschlichen Körper zu treten. Ich wollte absolut sichergehen, ob unter den Frauen – in diesem Moment war mir klar, dass es fast alles Frauen waren – wirklich keine mehr eine Chance auf Wiederbelebung hätte. Ich stellte ihren Tod fest. Bei einigen von ihnen hatte die Leichenstarre schon eingesetzt. Es war deutlich, dass sie nicht erst in den vergangenen Minuten gestorben waren. In ihren Augen konnte man sehen, dass sie qualvoll gestorben waren [...]. Es wurde deutlich, dass es an Bord des Schlauchboots einen Kampf gegeben hatte. Das konnte man an Kratzern an den Armen und Beinen der Menschen erkennen. Außerdem gab es zehn Patienten mit menschlichen Bissspuren an Armen, Rücken und an den Knöcheln. Manche von ihnen müssen auf dem Boden gelegen haben und sich erfolglos gegen andere auf ihnen gewehrt haben.« (Rijnierse 2016)

Im zivilisierten Europa, das den Körper ebenso zur Schau stellt, wie es ihn verbirgt, muss man drastisch werden. Hören, sehen, riechen: Gegen Saturation und Abstupfung durch mediale Bilder, eben die zigfach gezeigte Filmkulisse mit Afrikanern auf Schlauchboot, schafft die Körperlichkeit der Afrikaner emotionale Nähe zu den Opfern, wie Entschluss und Tatkraft der Protagonisten – stets dröhnen Motoren und schäumen Bugwellen, auch hier geht es »volle Kraft voraus« – die Distanz zwischen farbigen Opfern und weißen Helden immer nur vergrössern können. Ein altes koloniales Muster: weiße europäische Männer und schwarze Körper. Frauen sind als Krankenschwestern mit auf der Mission.

Männlich entschlossene Aktion wird gegen Politik ausgespielt, soll diese ersetzen. Eigentlich wird Aufmerksamkeit geschenkt, doch emotionale Betroffenheit ist hier in ökonomische Logiken eingebunden: *Donation is appreciated* – auch NGOs und IGOs sind Teil der Managementlogiken, der Anforderungen medialer *Public Relations*,[52] der Migrationsindustrie und des europäischen Grenzsystems. Selbst kritische Projekte, die dem Heldenmythos widerstehen, wie *WatchTheMed, Forensic Architecture* oder *Boats4people*, das »eine Plattform aufbaut, um an den Seegrenzen der EU ein Monitoring der Verletzungen von MigrantInnenrechten« zu gewährleisten, können mit ihrer Topik der Denunziation dem Grenzregime und seiner politischen Ökonomie nicht ausweichen.

Eigentlich ist dem Opfer kein Geschlecht zugewiesen. Die soziale Imagination hält für männliche und weibliche Opfer dennoch unterschiedliche Bilder bereit:

»While the status of the female ›requires‹ shame and suffering, the contrary can be said of male victims. Stereotypes regarding men's demanour as ›macho‹ often undermine their ability to self-ability as victims, thereby reaffirming the stereotype that it is predominantly women who are victims of trafficking.« (Vijeyarasa 2015: 38)

Die herkömmlichen Darstellungen

»reflect recurrent imagery found throughout NGO, inter-governmental and UN-reports, in popular media (including press, films and novels) and in academic literature‹ reproducing a ›gender dichotomy‹ by framing women as victims and men as aggressors.« (Vijeyarasa 2015: 9)[53]

Auch hier appellieren die Bilder von flüchtenden Frauen und Kindern an Emotion, um sich einem humanitären Diskurs einfügen zu können. Dieser verlangt – wir haben das Schema schon gesehen – mittlerweile nach Sichtbarkeit und *storytelling*. So beklagt die Bloggerin, Aktivistin und Direktorin von *Women Under Siege*, Lauren Wolfe die »missing women« in der Berichterstattung über das Mittelmeer und stellt fest:

»I'd begun to wonder why there so rarely seemed to be a woman's story or face in the coverage. Why are we barely hearing about these lives amid the ongoing crisis? And now I knew part of the reason: Women who make the dangerous crossing from Libya to Italy by boat are being hidden away. Bureaucracy and what seems to be an attempt to conceal some of the failings of the overburdened (and corrupt) Italian infrastructure are preventing these women's stories from being heard.« (Wolfe 2015)

Nun war die Mobilität von Frauen tatsächlich lange Zeit ein blinder Fleck in akademischen Migrationsstudien. Sie wurde als sekundäres, von männlicher Mobilität abgeleitetes Phänomen, als familiär motiviert gesehen und daher selten öffentlich angesprochen.[54]

»Reasons for leaving the origin country and the decision to migrate more generally, national reports confirm that, while *economic motives* largely explain the *migration of males*, the reasons for *female migration* are more diverse. Work is increasingly important, but *family reasons* (mainly marriage and spouse reunification) still dominate female migration patterns«,

wie nicht nur Blangiardo feststellt (2012: 1, Herv. HF). Außerdem wurde Migration vor allem in Debatten um den *care drain* (Bettio/Simonazzi/Villa 2006; Ambrosini 2014) wahrgenommen. Schließlich wurde Migration von Frauen hauptsächlich im Kontext von Menschenhandel und der florierenden Sexindistrie thematisiert. Weibliche Mobilität wurde also mit Fürsorge und Opfer assoziiert und nicht mit Bedrohung und Gefahr. Während »public framing of human trafficking has changed over time from a human rights issue to a criminalization issue and now a national security issue« (Bishop/Morgan/Erickson 2013: 115), so gilt weiterhin die Gleichsetzung von Frau und Opfer. Die unsichtbare Mobilität von Frauen wird erst dann sichtbar, wenn sich diese als Opfer präsentieren lassen. Gerade der mediale Blick »has inaccurately portrayed trafficked victims and focused exclusively on one issue (i.e., sex trafficking) while misrepresenting other types of labor exploitation« (ebd. 2013: 116). Mobile Frauen werden entweder als Opfer von Menschenhandel und der Sexindustrie portraitiert oder an das mit Humansimus und Aufklärung sich entwickelnde Bild der *Caritas* als fürsorglich-liebende Mutter dargestellt.[55] Während die eine Perspekive sich der Rettung weiblicher Reinheit verschreiben kann, transformiert die andere Position mobile Frauen als (zukünftige) Prostituierte in fürsorgliche Mütter. Oft erinnern die Bilder von flüchtenden Frauen dann auch an Dorothea Langes Bild der *mater dolorosa*, an Figuren weibliche Auf*opferung* und erlittener Traumata, die humanitäre Anklage erhebt und an eine reiche christliche Ikonographie anknüpfen kann, in der *pietà, misericordia, caritas* und Nächstenliebe sich als nährende Mutter darstellen.

Im Rekurs auf Rettung und weibliche Fürsorge kann auch die europäische Kanonenbootpolitik vor den Küsten der einstigen Kolonien humanitär legitimiert werden. Humanitärem Engagement ist so auch die koloniale Spur beigegeben, auch wenn sie in humanitärer Geste gerade unsichtbar bleiben soll. Militärischer Einsatz wird mittlerweile humanitär begründet. Die EU-Operation *Eunavfor-Med* soll illegale Einreisen behindern, Waffenschmuggel bekämpfen und man kam – unter Einbeziehung der Grenzorgane – der lybischen Küste immer näher. Die Operation ist in der ›EU-Erklärung von Malta‹ im Februar 2017 erwähnt, in der die Maßnahmen zur Ausweitung europäischer Grenzen auf lybisches Territorium beschlossen wurden.[56] Mit seltsamem Gespür für historische Verwicklungen hatte Federica Mogherini, die italienische Außenbeauftrage der EU vorgeschlagen, die Operation, an der auch die deutsche Fregatte *Schleswig-Holstein* von Juni bis November 2015 beteiligt war, in ›Sophia‹ umzubenennen.[57]

Die Bundeswehr lässt uns wissen:

»Eine Frau aus Somalia hat in den frühen Morgenstunden des 24. August [2015 Anm. HF] auf der Fregatte Schleswig-Holstein im Mittelmeer ein gesundes Mädchen zur Welt gebracht. Die Fregatte hatte am Sonntag 453 Menschen von einem britischen Marineschiff übernommen. Rahma A., die Mutter des Mädchens, ist allein unterwegs gewesen und kommt aus Mogadischu. Sie ist geschwächt von der fünfmonatigen Flucht, die hinter ihr liegt, und wird nach der Ankunft der Schleswig-Holstein in Italien in einem Krankenhaus weiter behandelt werden. Die 33-Jährige ist eine von über 4.000 Menschen, die am Wochenende im Mittelmeer bei zahlreichen Einsätzen aus Seenot gerettet wurden. Die Geburt um 4.15 Uhr verlief reibungslos und schnell. Sophia ist 49 Zentimeter groß und wiegt 3.000 Gramm. Stabsarzt Marius S. und Obermaat Charlie M. halfen bei der Entbindung. Es ist die erste Geburt an Bord eines Schiffs der Bundeswehr.« (Bundeswehr 2015)

Die Tochter der Somalierin wurde nach der Prinzessin Louise Sophie Adelheid Henriette Amalie von Schleswig-Holstein-Sonderburg-Augustenburg (1866-1952) benannt, der Schwägerin Kaiser Wilhelms II. Sie darf in ihrem Namen ein Erbe mittragen, das die deutschen Kolonialabenteuer der *Deutsch-Ostafrikanischen Gesellschaft* (sie wurde 1884 in Berlin von Graf Behr-Bandelin und Carl Peters als *Gesellschaft für deutsche Kolonisation* gegründet) zwischen 1885 bis 1890 in Deutsch-Somaliland verfolgte. 1888 wurde ein Teil Somalias ein Protektorat unter der Zivilverwaltung durch italienische Kolonialgesellschaften (u.a. der *Società V. Filonardi* e *C* und der *Società Anonima Commerciale Italiana del Benadir* mit Sitz in Mailand).[58] Ab 1905 wurde das Land italienische Kolonie und bildete – bis zur Unabhängigkeit 1960 – seit 1936 zusammen mit Äthiopien, Eritrea und Italienisch-Somaliland die Kolonie Italienisch-Ostafrika.[59] Folgen wir den Zahlen des italienischen Innenministeriums aus dem Jahr 2016, so stellen nach den Nigerianern (18 %) die Eriterer mit 12 % die größte Flüchtlingsgruppe dar, 5 % hatten sich aus Somalia auf den Weg gemacht.

Die Regierungschefs von Frankreich, Deutschland und Italien, zur Beratung des Standes der Union Ende August 2016 vor der einstigen Gefängnisinsel Ventotene und symbolträchtig im Andenken an den Kommunisten Altero Spinelli auf dem Flagschiff der Mission *Sophia*, der *Garibaldi* versammelt, verwiesen explizit auf diesen Einsatz und verbanden Militäreinsatz, unkontrollierte Bewegung mit humanitärem Anliegen.[60] Der damalige italienische Premier Renzi

»betonte, es sei für Europa eine Verpflichtung, Menschen zu retten, die ihr Leben im Mittelmeer riskieren. Seit Jahresbeginn erreichten laut Renzi

bereits rund 102.000 Flüchtlinge und illegale Migranten Italien. Die meisten
von ihnen kamen mit Schlepperbooten aus Libyen. Merkel sagte, die Küstenwache allein werde es nicht schaffen, die Grenzen zu kontrollieren. Es
müsse mehr getan werden. Die Kooperation mit der Türkei in Bezug auf die
Flüchtlinge sei richtig. Andernfalls sei es nicht möglich, den Kampf gegen die
Schleuser zu gewinnen.« (Zeit 2016)[61]

Der Versuch der Regierung von Mobilität bindet sich an humanitäres Anliegen. Wie der post-humanitäre Diskurs ist er an die »Ökonomie der Aufmerksamkeit« (Citton 2014; Franck 1998) gebunden
und durch Spannungen gekennzeichnet: die Spannung zwischen
der Authentizität des Leidens und dessen *branding*, zwischen Opfer
und Akteur, zwischen Konsum und dem Politischen (Chouliaraki
2014: 82-83), zwischen Pathos, Distanz und Besonnenheit. In der
postkolonialen Konstellation gibt der Blick auf das Leiden anderer
in Kunst und Photographie den »unvergesslichen« und »ubiquitären
Bildern« von »large-eyed victims« eine doppelte Botschaft bei: Auf
der einen Seite zeigt er Unrecht und schreiendes Leiden, auf der anderen Seite ontologisiert er den Anderen als Opfer und entzieht die
Umstände der Veränderbarkeit, wie schon Susan Sontag bemerkt hat
(2003: 56), und auch der der post-humanitäre Heldenkult verfestigt
diese, braucht er doch die Opfer, um sich wirkungsvoll als Retter in
Szene setzen zu können.

Der Unsichtbarkeit von Handeln und Agency steht so Hypervisibilisierung der Opfer gegenüber. Zugleich verweist die – parasitäre –
Beziehung auf die Asymmetrie der Beziehung: Das Opfer muss Opfer
bleiben, der Zuschauer von bestürzendem, verstörendem Untergang
und Verderben soll emotionale Nähe zum Leid herstellen und bleibt
doch in der sicheren Position des Zuschauers, die Europa garantiert:

»there is a historically shaped topography of power, whereby it is the West
that watches the rest of the world suffer [...]. Who watches whom suffer
reflects the manner in which differences in economic resources, political
regimes and everyday life enter the global landscape of information.« (Chouliaraki 2006: 83-84)

Der humanitär abgesicherte Opferdiskurs ist apolitisch und ahis-
torisch auch wenn seine Bilder in bislang ungekannter Geschwindigkeit sich zeitgleich mit dem Geschehen über den Globus verbrei-
ten, Kopräsenz suggerieren und ein Unglücksbild durch das andere

ersetzen. Er kennt keinen Gegner, keine Handelnden, fragt weder nach Gründen noch Ursachen, er hat keinen Referenten und begründet sich aus sich selbst. Gewalt, Krieg, Untergang, Mobilität und die blinde, gleichgültige Natur, unerbittliche Fatalität, Katastrophe bleiben ununterschieden und ohne unterscheidendes Urteil. Dieser Diskurs ist mythisch-religiös, er tilgt und überschreibt Zeit, Geschichte und koloniale Verstrickung, wenn er grundlose menschliche Not, Auslieferung und das nackte Leben zeigt. Was er anbietet, ist Schutz und Rettung gegen unverschuldete Widerfährnisse und hereinbrechendes Unheil. Die (symbolische) Identifikation mit den Opfern und gerade deren Sichtbarmachung erlaubt, wie Renata Salecl deutlich macht, zugleich die Umlenkung von Angst:

»There seems to be an attempt in today's society to find a cure for anxiety by constantly exposing the disturbing objects that might incite it (even in contemporary arts, for example, we try to figure out what is anxiety-provoking in death by exposing cadavers).« (2004: 15)

Als tragisch bezeichnet dieser Diskurs den Tod und die fatale, schicksalhafte, unabwendbare Verstrickung. Im Hinweis auf tragisches Geschehen ist der Zuschauer historischer, politischer Verantwortung entzogen. Vom sicheren Ufer aus wird das Publikum dann zum Zeugen von Schiffbruch, Tod und Untergang, hat Anteil an der vom Medienchor kommentierten Tragödie und widrigem Schicksal und wird zum Teil des tragischen Grenzregimes, das Gefahr, Opfer und Helden zusammenbindet.

3. Heros: Der revolutionäre Gestus

Das Logo von *Lampedusa in Berlin* zeigt nicht das übliche Bild eines überladenen Schlauchboots. Hier ragen zwei um Hilfe ringende Arme aus den Meereswogen und rufen ein Schiff herbei, das am Horizont zur Rettung herbeieilt. *Lampedusa in Hamburg* nimmt die Meereswellen auf, hier reckt sich jedoch eine rote, zur Faust geballte Hand aus den Wogen, die aus einem Anker erwächst und bestätigt: »We are here to stay.«

Auch die Protestsymbolik ist in die zeitgenössische »Ökonomie der Aufmerksamkeit« eingebunden und muss spektakuläre Bilder erzeugen, um Gefühl anzusprechen, zeitgenössische Subjektivität, Narzissmus und persönliche Identifikation zu erlauben, Solidarität zu fordern, die eben nicht mehr an religiöses Gebot, moralische Ansprüche mit universaler Gültigkeit (*pietà*, Barmherzigkeit und Erlösung) oder umfassende, kritische Gesellschaftskritik gebunden sind, sondern an je individuelles Empfinden und Authentizität der Repräsentation des Leidens anderer. Auch der »ironische Zuschauer« und der Aufruf zu Solidarität im »Zeitalter des Post-Humanitarismus« (Chouliaraki 2014) entzünden sich an ergreifender Dramatik, auch hier erregen Schiffbruch, Untergang und Tod und eben nicht der Alltag von Illegalisierten und ihre alltäglichen Überlebensstrategien die Aufmerksamkeit.

Bilder mobilisieren, Sichtbarkeit ist, wie gesehen, ein Teil des Grenzregimes, politischer Strategien, militarisierten Einsatzes, humanitären Brandings. Nun zieht das unendlich wiederkehrende Bild vom bemitleidenswerten Opfer nicht den Blick an und *erzeugt* Affekt und Emotion, sondern es ist bereits Teil der sozialen Imagination, es hat diesen Blick bereits erwidert. Wenn wir verstehen wollen, was den humanitären Diskurs und einen Teil der ›antagonistischen‹ Rede und ihrer jeweiligen Mobilisierung auszeichnen, ist ein kurzer

Exkurs sinnvoll,[62] denn »(w)ir brauchen uns nur flüchtig in der Geschichte umzutun, um uns klarzumachen, dass es für Menschen
keineswegs selbstverständlich ist, auf den Anblick von Elend mit Mitleid zu reagieren« wie Hannah Arendt (2000: 89) bemerkt, musste
sich die Sichtbarkeit der Armen im öffentlichen und politischen Diskurs historisch doch erst entwickeln und ist trotz der christlichen
Ikonographie – auf die schon hingewisen wurde – keinesfalls eine
Selbstverständlichkeit. »Niemand missbilligt« den Armen, so Hannah Arendt, »er wird bloß nicht gesehen [...] *einfach übersehen zu werden* und sich dessen bewusst zu sein, ist unerträglich.« (ebd. 2000:
87, Herv. im Original). »Das revolutionäre Pathos, das in diesen Wor-
ten zum Ausdruck kommt,« so fährt sie fort, »die Überzeugung,
dass der Fluch der Armut nicht nur in der Not, sondern auch in der
Dunkelheit liegt, ist dem Schrifttum der Neuzeit sehr selten.« (ebd.
2000: 87). Arendt macht deutlich, dass damit zugleich Fragen nach
Mitleid und Mitgefühl angesprochen sind, revolutionärer Impetus
und der »Ursprung legitimer Macht«, die

»im Volk liegt, sich primär auf dieses leidenschaftliches Gefühl berufen
musste [...] also auf die Fähigkeit, sich leidend und mitleidend mit der ›uner-
messlich großen Masse der Armen‹ zu identifizieren und damit das Mitleiden
selbst als höchste aller politischen Leidenschaften anzusprechen und seine
bewusste Formierung zur Kardinaltugend des Politischen überhaupt zu machen.« (Ebd. 2000: 95)

Die Sichtbarkeit, das Sichtbar-Werden der Armen ist, auch und gerade mit der französischen Revolution, an das »Mit-Leiden [...] das Mitleid der ›Glücklichen‹ mit den *malheureux*, den Unglücklichen, die
das eigentliche Volk bildeten« geknüpft (ebd. 2000: 101). Sichtbarkeit
und Unsichtbarkeit sind also zum einen an das Mit-Leiden, zum anderen an politische Strukturen der ›Anerkennung‹, eben des Gese-
hen-werdens in der Öffentlichkeit gebunden. Luc Boltanski greift in
seiner Analyse der *Souffrance à distance* (1993) Hannah Arendts Darstellung auf, wenn er nach den Modi und Praktiken des Mitleidens
fragt, die sich nicht der konkreten und unmittelbaren Erfahrung des
Leidens, sondern eben des Leidens in der Ferne fragt, das uns u.a.
über die Medien vermittelt wird. Ihm geht es darum, wie sich Empörung und politische Aktion im Angesicht menschlichen Leidens
herausbilden. Um sich diesen Fragen zu nähern, entwirft er eine
dreifache Topik: die »Topik der *Denunziation*, die Topik des *Gefühls*

und die Topik der Ästhetik« (ebd. 1993: 10). Diese Topiken tragen die schon angezeigte Spannung zwischen Universalität und Partikularität, der ›Masse‹ und des Einzelfalles mit sich.

Auch Judith Butler nimmt diese Fragen auf wenn sie danach fragt, welches Leid wir beklagen und welche Leben wir betrauern. Sie stellt zum einen die grundsätzliche Frage nach der »Wahrnehmung eines Lebens«, nach Anerkennung und der ihr vorgängigen »Kategorien, Konventionen und Normen« der »Anerkennbarkeit«. Zum anderen fragt sie, wie diese stets dynamische Rahmung zur politischen Mobilisierung beitragen, wie die »Struktur der Rahmung emotionale Wirkungen« erzielt und »diese Affekte zum ethischen und politischen Urteil und zur ethischen und politischen Praxis« beitragen (Butler 2010: 11, 13, 20). Sie stellt damit natürlich auch die (politische) Frage, welche Leben überhaupt wahrgenommen werden, welche Leben zählen und sie stellt damit die Frage nach der Reichweite von Verantwortung, die über Zugehörigkeit zu einem Nationalstaat, einer Nation, eines Territoriums, einer Sprache, einer Kultur hinausreicht (ebd. 2010: 41).

Wie wir eben im humanitären Diskurs und seinen Bildern gesehen haben, hat sich das ›klassische‹ Dispositiv – nicht zuletzt durch die Alltäglichkeit digitaler Medien – verändert. Waren Mitleid und Solidarität einst an einen auch moralphilosophisch abgesicherten Universalismus, an ›große Erzählungen‹, an die objektiv darzustellende Leidenssituation und die Distanz der Erkenntnis dieser Situation gebunden, so steht, an der post-humanitären Imagination wird das deutlich, mittlerweile die Subjektivität dessen im Vordergrund, der das Leid anderer betrachtet und hat Authentizität Distanz ersetzt.

Dennoch: Das bereitgestellte Bild des Geflüchteten mobilisiert. Das Mitleiden mit dem Opfer wird, wenn auch umgedeutet und den Umständen angepasst, ganz im Sinne Arendts zur höchsten aller politischen Leidenschaften. Neben der Figur des Opfers steht dann auch die Figur des Heros, eines unerschrockenen Kämpfers für Recht und Gerechtigkeit, der sich durch lebensgefährliche Fahrt über das Meer bereits als solcher ausgewiesen und legitimiert hat. In der sozialen Imagination, der symbolischen Ordnung und ihrer Bilder verwandelt sich die um Hilfe ringende Hand des Ertrinkenden in die (rote) Faust, den Rettungsanker des Kampfes. Mitleiden wird zur Solidarität mit Geflüchteten, mehr noch: dem »Kampf der Flüchtlinge«.

Wer auf die Boote zu steigen gezwungen ist, überschreitet sicherlich Grenzen und gültige Rechtsnormen. Diese Grenzüberschreitung kann bestenfalls das Risiko abwägen und muss davon ausgehen, dass Schicksal oder Götter ihn verschonen. Das Leben in die Hand zu nehmen und Risiken einzugehen ist zudem Teil männlicher Subjektivität und einer Entscheidung, die die Lebensumstände verlangt haben. Die soziale Imagination des Flüchtlings als Heros bearbeitet neben der Topik des *Gefühls* und der Topik der Ästhetik besonders die Topik der *Denunziation* und der Empörung (Boltanski 1993: 10). Die symbolische Überhöhung migrantischer Kämpfe macht Menschen, denen Mobilität verwehrt wird und die sich das Recht dazu nehmen, zu modernen Heroen autonomen Kampfes um Lebenschancen und der Verwirklichung autonomen Willens, kurz: zu Helden westlich-moderner Subjektivität. Doch dieser Diskurs ist paradoxerweise gerade da unpolitisch, wo doch ein politischer Raum bezeichnet werden soll, stellt er die Figur des Heros doch zwischen die des Opfers, des unschuldigen Opfers von Kapitalismus und neoliberaler Governance und die Figur der Gefahr, eines Feindes, der die etablierte Ordnung zu erschüttern droht.

Diese Signifikationsprozesse bewegen sich nicht auf dem – vermeintlich – neutralen Boden des humanitären Diskurses. War die Projektion mancher Aktivisten einst auf die Befreiungsbewegungen in der sogenannten ›Dritten Welt‹ gerichtet, sollte revolutionärer Elan der Peripherie das kapitalistische Zentrum bedrängen und die Massen mitreißen, so hat nunmehr der »kämpfende Flüchtling« diese Position eingenommen, ist er angewiesen, den antikapitalistischen Kampf gegen die Mächtigen zu führen, die bestehenden politischen Räume zu destabilisieren und dennoch eine asymmetrische Position einzunehmen, durch die der (antirassistische) Aktivist ausstehende Revolutionstriumphe feiern kann und sich zugleich doch die Position des Beschützers sichert.

»Die furchtbare Katastrophe vor Lampedusa Anfang Oktober 2013 ist nur ein Beispiel dafür, dass die Abschottungspolitik der EU täglich unzählige Menschenleben fordert. *Wir sind schockiert, wütend und traurig,* dass zur Verteidigung des Wohlstands im globalen Westen ständig Menschenrechte verletzt werden«,

so die Erklärung des Komitees ›*Lampedusa ist überall*‹.[63] Die kritisch-antagonistische Perspektive schließt dort, wo sie im Verweis auf die Abschottungspolitik der EU politische Zusammenhänge herstellt, dennoch beinahe nahtlos an das Pathos humanitärer

Katastrophen- und Opferdiskurse an, dekliniert eine Skala möglicher Erschütterung und Betroffenheit im – vermeintlich gemeinsamen – Er-leiden von Ungerechtigkeit. Dieser Diskurs und seine Bilder findet die Authentizität des Leidens im eigenen Schock, in Wut und Traurigkeit wieder und nimmt die bereits skizzierten Spannung des humanitär-tragischen Diskurses auf, der tragische Opfer zeichnet, deren (autonomes) Handeln in Verderbnis endet, ja enden muss, soll seine legitimatorische Kraft etabliert und gesichert werden. Im Topos der Denunziation beklagt er zugleich die Verteidigung des Wohlstands, an dem die mit-leidenden Akteure ebenso partizipieren wie sie ihn in authentischem Gefühl auszutreiben suchen.

Heroische Figuren zeichnen den Posthumanitarismus aus, aber auch einige Formen des derzeitigen Aktivismus. Heroen sind gemeinschaftsbildend. Sie heben heraus, sie katalysieren einerseits die Energie der Masse, wie sie andererseits narzisstische Subjektivität bestärken, für die eigenes Gefühlsleben zum Maßstab und zur Richtschnur von Handeln wird. Diese Bilderwelt schafft keine wuchtigen Monumente mehr, in der Fahnen wehen, die Helden des Klassenkampfes den festen Blick auf die Zukunft richten oder dem Gegner entgegengestreckte Fäuste eisernen Willen bezeugen. Sie bezieht sich nicht umstandslos und direkt auf große Erzählungen von Ausbeutung und siegreichem Klassenkampf, der die Geschichte im Telos der Befreiung lenkt. Wie die nach Authentizität rufende post-humanitäre Sensibilität und ihre Subjektivität verlangt sie *storytelling*, die Kommunikation von Betroffenheit, Wut und Empörung.

Emotion und Betroffenheit verweben den populistischen, den post-humanitären mit dem kritischen Diskurs, ihren Signifikationsprozessen und ihren Bilderwelten. Die Konstitution dieser Subjektivitäten, die sich narzisstisch auf sich selbst beziehen und von diesem Bezug leben, sind Teil der Subjektivierung des Politischen.

Wenn Macht in und durch »zerstreute, heteromorphe und lokale Prozeduren« arbeitet und diese

»durch die umfassenden Strategien, durch zahlreiche Phänomene des Widerstands, der Trägheit, der Verschiebung angepasst, verstärkt und transformiert werden und daher kaum zu einer massiven Domination«

oder zu einer binären Struktur zwischen Herrschern und Beherrschten führen (Foucault 1994: 425), so ist der in den Bildern des

Aktivismus kämpfende Heros dennoch angewiesen, eine eindeutige, binäre Struktur zu reproduzieren.

Für manchen Aktivisten werden oder besser, sollen »die kämpfenden Migrant_innen« stellvertretend das ausrichten, was eigener Praxis an Erfolg doch versagt blieb. Solcherart Aktivismus kleidet mobile Menschen in revolutionäre Rhetorik und stattet sie mit heroischem Mut aus. So kann bspw. Antonello Mangano über die Revolte illegalisierter senegalesischer Tagelöhner im süditalienischen Rosarno im Jahre 2010 bemerken: »Ein Teil der senegalesischen Community hatte die Villa eines Capomafia umzingelt [...] Keiner hat sich das jemals getraut. Deshalb werden uns die Afrikaner retten.« (2010: 135). Der Fremde, das Opfer, der Geopferte wird gegen die Übermacht der Umstände zum Retter, Erlöser, *Salvatore* der Geknechteten und Unterdrückten, er handelt auch für die, die nicht handeln und spricht für die, die keine Stimme haben. Der dermaßen etablierte Heros *erlöst* zugleich von eigener Sprachlosigkeit, spricht von Schuld an den eingerichteten Umständen frei und der Betrachter feiert an ihm den Sieger, der sich Unrecht und der Staatsmacht entgegenstellt, ja kann sich selbst als unerschütterlich und siegreich feiern.

Diese Semantiken verteilen Agency asymmetrisch, sie teilen in Opfer und Helden und entnehmen diese Bilder einer reichen rassistischen Erbschaft, die dem ›Fremden‹ dem ›Wilden‹, dem ›Barbaren‹ mythische Kraft zuschreibt, auch wenn sie sich gegen diese auflehnen. Bilder, die den Retter zum Helden machen, Bilder von Helden gibt es auch im zeitgenössischen Aktivismus.

Der Photograph Felix Zahn hat für *Die Zeit* eine Szene aus dem Kreuzberger Kiez in Berlin festgehalten.[64] Vor einem Tor, das den Graffitti-Schriftzug *Stop Deportation* zeigt, steht ein junger schwarzer Mann breitbeinig und mit ausgebreiteten Armen, er ergibt sich nicht, die Finger sind zum Victory-Zeichen gespreizt, der Blick entschlossen in Richtung Kamera und Zuschauer gerichtet. An diesem Mann kommt keiner vorbei. Hier steht kein Opfer, reduziert auf zerbrechliche Physis. Hier steht ein siegesgewisser Held.

Die Logik, die den Bildern beigegeben werden soll, verschiebt das Opfer zum Helden – unter der Bedingung allerdings, dass der Flüchtende sich den (antikapitalistischen) Kämpfen einschreiben läßt. Der Fremde ist hier nicht der Parasit am vermeintlichen Volkskörper, nicht der Invasor oder Feind. Der Fremde wird bestimmt zum furchtlos entschlossenen Kämpfer, der eine neue Ordnung begründen soll. Geleitet von einer solchen Logik, kann auch der Vorsitzende einer italienischen Kooperative, die das der organisierten Kriminalität entzogene Land bewirtschaftet, feststellen:

»›Die wichtigste Schlacht schlagen der Immigranten im Kampf für Kalabrien. Das wird die Schlacht sein, in der wir gegen die ›ndrangheta‹ kämpfen‹, versichert Domenico Fazzari. Er ist der Präsident der Kooperative Valle del Marro, einem Vorposten von Libera in der Ebene von Gioia Tauro. [...]. ›Sie haben etwas, das uns Kalabresen fehlt: Eine nicht konditionierte Mentalität. Sie habe keine Angst vor niemandem, weil sie an das denken, was sie hinter sich gelassen haben. Und sie nicht nicht mit Forderung aufgewachsen, dass es gut ist, wenn man sich nicht in andere Angelegenheiten mischt.‹« (Gualtieri 2016)

Die Erinnerung an das eben hinter sich gelassene Elend stärkt und befeuert Kampfbereitschaft, eine Erinnerung, die den Einheimischen lang abhanden gekommen ist und die daher nicht mehr für die einstigen gemeinsamen Schlachten um das Land der Latifundien oder die Kämpfe der Tagelöhner zu gewinnen sind.

Zum einen ist der Fremde in der sozialen Imagination – ganz im Sinne Georg Simmels – derjenige, der kaum durch überbrachte Sitte und Gewohnheit bestimmt ist, dessen »Objektivität« Freiheit schafft, ist der Fremde doch, wie Simmel bemerkt, »in seinen Aktionen nicht durch Gewöhnung, Pietät, Antezedenzien gebunden«. In der Fremde hat er keine Vergangenheit, keine Geschichte und damit eröffnet sich eine »Freiheit«, ist der »objektive Mensch [doch] durch keinerlei Festgelegtheiten gebunden, die ihm seine Aufnahme, sein Verständnis, seine Abwägung des Gegebenen präjudizieren könnten« (1992: 766-767). Zum anderen ist die Figur des Fremden, des ›foreign founder‹, der als (mythischer) Kulturheros nicht nur zentrale Kulturtechniken bringt, sondern auch eine politische Gemeinschaft begründet, in der (politischen) Vorstellungswelt seit langem verankert. »A foreign founder's foreignness« sichert, so bemerkt Bonnie Honig, »the distance and impartiality needed to animate and guarantee a general Will that can neither animate nor guarantee itself« (2001: 21). Der Rekurs auf die Figur des ›foreign founder‹, der eine politische Gemeinschaft wenn schon nicht (neu) begründet, so doch immer auch erst schafft, ist die ursprünglich ethnisch reine, homogene politische Gemeinschaft doch eine Konstruktion, verweist dann nicht nur auf das schon skizzierte demokratische Paradox, sondern erlaubt dann auch die Verkehrung der bekannten Perspektive, mit der das Fremde vordringlich als zu integrierendes »Problem« erscheinen muss (ebd. 2001: 1, 2, 4; Friese 2014: 100-101). Was dann aber auch deutlich wird, ist der Bezug zum ›Eigenen‹, denn Fremdheit wird dann einverleibt und soll ›unsere‹ Probleme lösen. In diesem Sinne unterbricht Fremdheit das Eigene und die eingerichteten politischen Praktiken, dennoch soll der Fremde als Heros, als Befreier, als Ikone des Kampfes dann stellvertretend das ausrichten, was die Umstände im Kapitalismus an anderem verwehren. Im Alltag der Illegalisierten geht es jedoch weniger um revolutionäre Störung des Eingerichteten und seiner Normalität, sondern eher um einen alltäglichen Kampf um Anerkennung und ein einzurichtendes normales Leben, der eher das Bestehendene affirmiert, weil er das Überleben garantieren soll.

Populistische Xenophobie findet in der Inversion ihre Entsprechung in Xenophilie. Beide haben Anteil an eigenen Normalitätsvorstellungen, die einmal affirmiert, ein anderes Mal beanstandet werden. Das und der Fremde sind solang anziehend, als sie im bekannten Bild kontrolliert, in Schach gehalten werden können. Die Bilder arbeiten nach einem eingespielten Schema: Einmal distanzieren sie den Anderen oder sie verleiben den Anderen dem Eigenen und den eigenen Kämpfen ein.

Politische Mobilisierung speist sich auch aus Gefühl und Affekt, sie verlangt sicherlich emotionale Anteilnahme, sie erfordert aber auch und gerade: Urteil, Kritik und Distanz. Auch der Heroenkult verwehrt Ansprüche auf ein Leben in Normalität nach eigenen Wünschen und Träumen.[65] Mobile Menschen lassen sich nicht einem imaginären, imaginierten Kollektivsubjekt einschreiben, sie sind weder Gefahr, Opfer noch Retter und Heroen.

Zur Evakuation des Politischen

The breathtakingly vast expanses of the ›virgin land‹ that the imperialist invading/conquering drive had laid open for colonization could be used as a dumping ground for those unwanted, and act as a promised land for those who fell by, or were thrown over the board as the vehicle of progress picked up speed and gained ground.

ZYGMUNT BAUMAN, THE FATE OF HUMANITY IN THE POST-TRINITARIAN WORLD

Once we could buy our food and ride in the subway without being told that we were undesirable. We have become a little hysterical since newspapermen started detecting us and telling us publicly to stop being disagreeable when shopping for milk and bread.

HANNAH ARENDT, WE REFUGEES

Es gehört zu den Aporien moderner Erfahrung, daß es leichter zu sein scheint, einen völlig Unschuldigen seiner Legalität zu berauben als einen Mann, der eine politisch feindselige Handlung verübt oder ein gewöhnliches Verbrechen begangen hat.

HANNAH ARENDT, ES GIBT NUR EIN EINZIGES MENSCHENRECHT

Die uns beharrlich aufgedrängten Bilder von Feinden, Opfern und Helden sind an Diskurse gebunden, die einmal Populismus und Governance, ein anderes Mal Humanitarismus und Dissens einrahmen. Diese Bilder der sozialen Imagination schaffen jedoch nicht ein unüberbrückbares Gefälle, sie sind obgleich unterschieden, doch auch miteinander verschlungen. Wie wir eben gesehen haben, so geben – gegen derzeitige Governance und ihre Marktlogiken, aber auch gegen die humanitär gewendete Gestalt des Fremden als Opfer – die Figuren des kämpfenden Helden dem Anderen das Gefecht gegen globalen Kapitalismus und staatliche Ordnung vor.

Auch bewegen sich diese Diskurse in dem bereits angesprochenen demokratischen Paradox der Konstitution eines *Demos*, einer demokratischen politischen Gemeinschaft, die auf dem Ausschluss anderer beruht um sich als souverän konstituieren zu können. Mobilität setzt komplexe gesellschaftliche Auseinandersetzungen und kontrovers geführte Aushandlungsprozesse in Gang. Sie betrifft die Grundfragen nach politischer Zugehörigkeit, danach, wer überhaupt als politisches Subjekt gelten kann und wie sich dieses artikuliert, Mobilität fragt nach dem, was als das Politische bezeichnet werden kann. Mobilität fordert die Demokratie heraus, sie untergräbt die Ordnung moderner Nationalstaaten. Das sind die grundlegenden Fragen, dem die derzeitigen Auseinandersetzungen um Mobilität nicht entkommen können, die auch die Figuren des Anderen als Feind, Opfer oder Befreier entwerfen.

Diese Figuren der sozialen Imagination sind damit auch an Debatten gebunden, wie globale Gerechtigkeit konzipiert werden soll und welche Rechte Anderen zugestanden werden müssen oder können, welche Verantwortung und welche Pflichten aus Mobilität erwachsen, wie national begründete Staatsbürgerschaft oder kosmopolitische Bürgerschaft zu fassen sind, welche Bedeutung der Nationalstaat, seine Souveränität und Grenzen in der globalisierten kapitalistischen Welt haben oder überhaupt noch haben können und wie umgekehrt die Einschränkung von Freizügigkeit legitimiert werden kann. Sie sind auch gebunden an Fragen, die notwendigerweise Europa und seine Politiken in den Blick nehmen.

Die mit dem modernen Nationalstaat eingerichtete »Trinität von Staat, Territorium und Volk« (Bauman 2002) enthält notwendigerweise die Spannungen zwischen Mitgliedschaft, Zugehörigkeit und Ausschluss, zwischen Universalismus und Partikularität, zwischen ethisch-moralischer Verpflichtung und verwaltetem Recht, dem

Territorialstaat und dem Weltbürgerrecht. Die »westfälische Grammatik« (Benhabib 2004) bestimmt nicht nur staatliche Souveränität. Ein grundlegendes Kennzeichen (moderner) Staatsbürgerschaft liegt darüber hinaus in ihrer Bindung an die Nation, mit der Bürgerschaft zum Synonym von Nationalität wurde. Die »aspirations to universality of citizenship of the state came up against its national definitions whether understood as racial, ethnic or even religious«, wie Engin Isin und Brian Turner feststellen (2007: 11).

Diese Prinzipien haben eine konsolidierte Tradition und bestimmen so auch die jüngsten Diskussionen um die »Rechte der Anderen« (Benhabib 2004), die Ansprüche an Gerechtigkeit und die daran gebundenen Forderungen nach offenen Grenzen oder der Positionen, die im Gegenteil auf Grenzen, nationaler Souveränität und dem Recht einer politischen Gemeinschaft beharren, über Zugehörigkeit oder Ausschluss zu bestimmen. Diese Spannungen werden *erstens* von Versionen des Liberalismus und Kommunitarismus (John Rawls und Michael Walzer), *zweitens* den Versionen eines erneuerten Kosmopolitismus (Seyla Benhabib) und *drittens* den Perspektiven der Dekonstruktion (Jacques Derrida) unterschiedlich bearbeitet.[66] Während einmal eine absolute ethischen Forderung und das Gesetz bedingungsloser Aufnahme von Flüchtenden und Migranten betont wird (Derrida/Dufourmantelle 1997), neue kosmopolitische Versionen soziale, kulturelle oder nationalen Grenzen hinterfragen und die Kongruenz zwischen soziokultureller Identität, Territorium und Staatsbürgerschaft als einem Kennzeichen moderner Nationalstaaten unterminieren, so steht auf der anderen Seite das Beharren auf Nationalstaat und den Rechten einer politischen Gemeinschaft, über Grenzen, Mobilität und Zugehörigkeit zu wachen.

Trotz aller Unterschiede teilen sich diese Versionen doch eine Gemeinsamkeit, eine strategische Übereinstimmung, müssen sie doch mit den grundlegenden Spannungen, die die Aufnahme von Menschen mit anderer Staatsangehörigkeit in modernen Nationalstaaten kennzeichnen, einen plausiblen und theoretisch tragfähigen Umgang finden: Der Spannung zwischen universalistischen Bestimmungen und der Partikularität einer politischen Gemeinschaft; dem (liberalen) Grundsatz von Gleichheit und persönlicher Freiheit und ihrer Beschränkungen im Recht; der Spannung zwischen dem (ethischen) Gesetz absoluter Gastfreundschaft und den juristischen Normen, die jene einschränken und schließlich den Spannungen zwischen Freund und Feind, denen diese Versionen nicht ausweichen können. Auch die Spannung zwischen Staat/Nation auf der einen und den Menschenrechten auf der anderen ist Teil dieser Konstellation, in der Universalismus und partikulare politische Gemeinschaft aneinander gebunden sind. Diese Spannung ist mit der Französischen Revolution und der Erklärung der Menschenrechte deutlich geworden, als die als souverän konzipierte Nation sich zur Quelle der Menschenrechte erklärte und so nichts Anderes anerkannte als sich selbst.

»Das praktisch-politische Ergebnis dieses Widerspruchs war, daß von nun an die Menschenrechte nur als spezifische, nationale Rechte anerkannt und garantiert wurden und dass der Staat selbst, dessen höchste Funktion es ist, jedem Einwohner seine Menschenrechte, seine Bürgerrechte und seine nationalen Rechte zu garantieren, den Charakter eines nationalen Rechtsstaats verlor und von den romantischen Staatstheorien als Inkarnation der ›Seele der Nation‹ vernebelt und vergöttert werden konnte; wesentlich dabei war lediglich, dass eine solche ›nationale Seele‹ offenbar jenseits und über allen Gesetzen zu stehen kommen mußte.« (Arendt 1998: 489-490)

Diese Versionen sind auch an die Moderne und ihre (diskursive) Ordnungen gebunden: Die Moderne hat unterschiedliche Ordnungsversuche der Beziehungen zu denjenigen hervorgebracht, die zu Fremden gemacht werden. Während das liberale Projekt Unterschiede zwischen Menschen anerkennt, diese u.a. an Bildung, lokale Umstände und soziale Verhältnisse bindet, die Veränderung zugänglich sind, Universalismus also zugleich Veränderbarkeit gegen Kontingenz und Fatum der Geburt einschließt, so behauptet das nationalistisch-rassistische Projekt (das mittlerweile kulturalisiert ist), dass das Fatum Rasse-Kultur einer Veränderbarkeit prinzipiell unzugänglich ist. Diese Version erklärt, dass »certain people will never converted into something other than they are. They are, so to speak, beyond repair. One cannot rid them of their faults; one can only get rid of them«, so Zymunt Bauman (1995: 2-3). Assimilation, Akkulturation, Integration oder Geburt und Schicksal: »Under the pressure of the modern order-building urge, the strangers lived [...] in a state of suspended extinction. The strangers were, by definition, an anomaly to be rectified.« (Ebd. 1995: 3)
    Damit gehen natürlich auch unterschiedliche Verständnisse von Gesellschaft und politischer Gemeinschaft einher, die Fragen nach offenen Grenzen oder Abschottung betreffen. Auch hier gibt es im

Großen und Ganzen drei Versionen. Offene Grenze, so das Argument, untergraben erstens staatliche Souveränität und damit zweitens, demokratische Deliberation und drittens zeitigen sie verheerende Konsequenzen. Der Liberalismus fordert, alle prinzipiell *gleich an Rechten* zu sehen und vor heteronomen Forderungen, Interessen, Belangen einer Gemeinschaft, eines Staates zu privilegieren. Diese Position kommt in argumentative Bedrängnis, wenn diese Rechte – und damit auch das Recht auf Freizügigkeit – nicht prinzipiell allen zugestanden sind, sondern die eigenen Staatsangehörigen vor anderen privilegiert werden. Konsequentialistische Positionen orientieren sich demgegenüber an den möglichen Folgen offener Grenzen für die jeweilige politische Gemeinschaft. Während also einmal das Paradox der Demokratie und die prinzipielle Gleichheit an Wert und Recht aller Menschen und ihrer individuellen Freiheit – also das Prinzip von Freizügigkeit und damit »the case for open borders« betont werden (Carens 1987, 2013), so fordert die konsequentialistische Position, die Handeln eben an möglichen Folgen für Kollektive ausrichtet, die Einschränkung von Freizügigkeit, etwa weil offene Grenzen Wohlstand beeinträchtigen oder kulturelle Identität verändern oder beeinträchtigen könnten. Zudem, so das Argument, könne es kaum die Pflicht von Staaten sein, die Bürger anderer Staaten aufzunehmen und sei es höchstens eine Aufgabe, die Lebensbedingungen derer zu verbessern, die sich sonst auf den Weg in die Wohlstandsgesellschaften aufmachen – vorgeschlagen wird dann jeweils, die Probleme ›vor Ort‹ zu lösen und so zu tun, als ob Europa nicht längst vor Ort gewesen wäre. In diesem Sinne sind populistische Standpunkte konsequenzialistisch – auch wenn sie sich lediglich auf eigenes Gefühl stützen, dieses im allgemeinen Volkswohl lokalisieren und Volksverrat rufen, so dieses gefährdet erscheint.

Nun leidet die konsequentialistische Moral ja nicht nur an dem Mangel, dass Folgen vorherzusehen oder abzuschätzen kaum jemals möglich ist – es sei denn, man verfügte über hellseherische Fähigkeiten oder einen vollständigen Überblick über alle Situationen und das sowohl der vergangenen, der gegenwärtigen als auch der zukünftigen. Zudem unterliegen vermeintliche Folgen dann selbst wieder der (normativen) Bewertung und möglicherweise divergierender Interpretation. Auch schließen sie historische Kontingenz, den Augenblick, das unvorhergesehene Ereignis aus und müssen einen strikten und gesetzmäßigen, zwangsläufig abgesicherten Zusammenhang zwischen Ursache und (lanfristiger) Wirkung annehmen, was im

Angesicht von Handlungen und auch und gerade im Hinblick historischer Kontingenz nun tatsächlich mehr als heroisch ist. Individuelle Entscheidung und Handeln, so wir überhaupt davon ausgehen
können, Entscheidungen würden getroffen und nicht auch zufällig
aus dem Augenblick geboren, werden dann auch an *rational choice*
gebunden und im ökonomischen Paradigma aggregiert. Ökonomie
wird zum einzigen Realitätsprinzip. Damit ist das Kalkül von Kosten
und Nutzen auch als universell gedachte Grundlage menschlichen
Handelns auserkoren und gilt für das Selbstverhältnis und seine
Optimierungsanstrengungen ebenso wie für Governance. Ökonomische Theoriebildung kennt so auch für Migration nur mechani-
sche push- und pull-Faktoren, sie kann sich nicht vorstellen, dass
Menschen sich auf den Weg machen, nicht nur weil sie ökonomische
Motive haben, Gewinn und Verlust kalkulieren und wägen, sondern
auch weil sie etwa Freiheit suchen, was immer darunter jeweils verstanden werden kann, Freiheit der Meinungsäußerung, Freiheit von
Polizeiwillkür und Korruption, Freiheit von erstickend engen fami-
liären Fesseln, sexuelle Freiheit, Freiheit von dörflicher Langeweile,
oder Fernweh, oder Status, oder Beweis männlicher Qualitäten oder
Zukunft, die als mehr oder minder deutliches Versprechen erreich-
bar scheinen.[67] Neben dem Populismus ist auch die Orientierung
an *rational-choice* und Ökonomie konsequenzialistisch, traut sie die
Regelung der Folgen von Mobilität doch dem Markt und seinen vermeintlich effizienten Rentabilitätsregeln zu.

Populismus, Humanitarismus, Dissens und die machtvollen
Bilder der sozialen Imagination haben nicht nur Anteil an der herr-
schenden Ökonomie der Aufmerksamkeit. Sie verschreiben sich
ebenso der Produktion von Differenz wie der Negation einer Normalität, die sie für sich selbst beanspruchen. Der jeweils vorgeschlage-
ne Pragmatismus des Handelns und der entschlossenen Aktion verlässt sich auf unmittelbar wahrgenommene, gespürte Subjektivität,
Emotion, Erregung und schlägt einfache Lösungen vor. Auf jeweils
unterschiedliche Weise teilen sie die eine parasitäre Logik, die den
Anderen braucht, um ein identitäres ›Wir‹ zu schaffen.

Die soziale Imagination bringt Differenz hervor und ordnet die
Figuren des Fremden zwei Polen zu: Sie verweisen darauf, den bedrohlichen Fremden fernzuhalten oder den Fremden restlos einzuverleiben, also entweder zu verscheuchen wie den Sündenbock,
eine Purifikation, die das Heterogene verjagt, an der Grenze aussetzt
damit die Community sich als reine begreifen kann oder aber den

Fremden, das Opfer zu verspeisen und damit das verstörende Andere einzuverleiben und/oder in pädagogischen Integrationsübun-
gen zu domestizieren und den »Stachel des Fremden« zu entfernen
(Waldenfels 1990). Der Fremde als Befreier ist dementsprechend
auch eine Form der Domestizierung, Einverleibung, Angleichung
an den revolutionären Kampf.

Die drei Versionen teilen eine weitere Gemeinsamkeit: Sie evakuieren das Politische. In der Reduzierung des Politischen auf marktgerechte, effiziente Governance oder die »Domäne der Moral« liegt,
folgen wir Chantal Mouffe (2007: 101), das grundlegende Defizit libe-
raler, repräsentativer Demokratie. Demgegenüber ist das Politische
»die Dimension des Antagonismus, die menschlichen Verhältnissen
inhärent ist, viele Formen annehmen kann und in unterschiedlichen Typen sozialer Verhältnisse entsteht«. Politik bezeichnet dann
ein »Ensemble von Praktiken, Diskursen und Institutionen, die
eine bestimmte Ordnung zu etablieren versuchen und menschliche
Koexistenz unter Bedingungen organisieren, die immer potentiell
konfliktorisch sind, da sie von der Dimension ›des Politischen‹ af-
fiziert werden« (Mouffe 2013: 102-103). In diesem Sinne erweist der
Populismus sich als a-politisch, weil er einen unteilbaren, gemeinsamen Volkswillen annimmt, der zudem in Rasse und Geburt, ge-
nealogischer Zugehörigkeit und Territorium gründen soll; der derzeitige Humanitarismus dann, wenn humanitärer Realismus und
seine Pragmatik sich auf Zeugenschaft und Denunziation beschrän-
ken und sich pragmatisch der Bergung der Opfer widmen; Dissens
schließlich erweist sich dort als apolitisch, wo der Fremde dem eigenen subjektiven Bezugsrahmen, den eigenen Kämpfen einverleibt
wird, der Legitimation aus Affekt schöpft.

4. Populismus und Governance:
Identität und Markt

Populistisches Gedankengut, gewöhnt und geschult an den Bildern von überfüllten Booten und schwarzen Massen, hält sich nicht lang mit Gründen, Ethik und Moral, Urteil oder gar Recht auf. Zentral ist die Affirmation eigener Subjektivität, die in Ressentiment, Zorn, Wut und Hass sich konturiert und Mitgefühl bestenfalls für eigenes Schicksal in der Wohlstandsgesellschaft aufbringt. Als Teil der Aufmerksamkeitsökonomie fordert sie um bestehen zu können, ununterbrochen Skandal, öffentliche Sichtbarkeit und konstante Erregung.

Nun werden gerade in Zeiten des freien Waren- und Finanzverkehrs und in Zeiten der Durchlässigkeit von Grenzen für den privilegierten Teil der Menschheit, nachdrücklich Grenzen und nationale Souveränität gefordert, die durch die Globalisierung und global agierende Unternehmen doch längst untergraben sind. Mobilität und Staatsbürgerschaft, so – nicht nur das populistische – Argument, sollten als zentrale Angelegenheit souveräner Nationalstaaten und ihrer Führung und nicht als ethisch-moralische gesehen werden. In dieser Perspektive sind staatliche Souveränität und Selbstdetermination dem ethischen Urteil staatlicher Einwanderungs- und Einbürgerungspolitiken entzogen. Doch nicht alles, was souveräne, demokratische Staaten zu deliberieren berechtigt sind, ist auch ethisch-moralisch vertretbar. Castoriadis hat argumentiert, dass das Objekt der Politik eine positive Selbstbegrenzung ist, Autonomie ist, »ipso facto, self-limitation« (Castoriadis 1997a: 405). Zudem ist die scheinbar natürliche Bindung von Souveränität an Grenzen und Zwangsmaßnahmen zu deren Sicherung selbst begründungspflichtig. Die in der populären Rede gern ins Spiel gebrachte Haustür, die zu schließen der Hausherr berechtigt sei, verkennt, daß *oikos* und *polis* keinesfalls deckungsgleich sind. Auch kann es ja nicht im Geringsten darum gehen, Ethik und Moral gegen Politiken oder gar gegen das Politische auszuspielen (das erlauben sich populistische Diskurse mit dem Hinweis auf realitätsfernes, idealistisches ›Gutmenschentum‹), während derzeitige Governance und an Marktlösungen orientierte Politiken die Frage erst gar nicht stellen, weil die ›unsichtbare Hand‹ des Marktes ja auf wundersame Weise alle Menschheitsprobleme lösen soll.

Nun lautet das populistische Rezept und seine Imagination: endlich der »relativen Autonomie« der Migration (Mezzadra 2004a, b) Herr zu werden, der Tatsache also, dass Mobilität und Bewegung sich nationaler Souveränität, staatlichen Regierungsversuchen und derzeitiger Governance beständig entziehen und ihr wieder souveräne Macht und ein zentrales Kommando entgegen zu setzen, an dessen Spitze ein Herrscher steht, der ein wie immer zu definierendes Volkswohl innerhalb eines abgegrenzten Territoriums auch mit militärischer Gewalt durchzusetzen hat, soll Mobilität nicht in der Kündigung des Gesellschaftsvertrags, im »Kampf aller gegen Alle« (Thomas Hobbes) oder *stasis*, dem Bürgerkrieg innerhalb der politischen Gemeinschaft enden.[68] Der Gartenzaun soll dann mit Gewehr und Pistole gegen Eindringlinge verteidigt werden – das genealogische Prinzip des *oikos* soll nicht zufällig dem Vorbild einer *polis* gleichen und der *despotés* (Hausherr) über sein Gebiet und seine Familie herrschen. Tatsächlich, bereits Michel Foucault hat darauf hingewiesen, ist die bürgerliche Gesellschaft mitnichten befriedet und Clausewitz' Diktum vom Kriege als einer »Fortführung der Politik mit anderen Mitteln« ist in seiner Verkehrung zu lesen: »Politik ist die Fortsetzung des Krieges mit anderen Mitteln« (Foucault 2001: 32).[69]

Mobilität stört die Einrichtung einer stabilen, als homogen gedachten Ordnung, sie ist suspekt, der mobile Feind soll und muss mit militärischen und polizeilichen Mitteln bekämpft werden.

»Die aktuelle Politik bringt Flüchtlingen wie Migranten einerseits den Tod. Andererseits führt sie zu einer ebenso unaufhaltsamen wie rasanten Besiedelung Europas und besonders Deutschlands durch Menschen aus anderen Kulturen und Weltteilen. Die AfD will die daraus entstehende konkrete Gefahr sozialer und religiöser Unruhen verhindern und wendet sich gegen das schleichende Erlöschen der europäischen Kulturen. Alle nationalen Grenzen, an denen eine unkontrollierte, ›wilde‹ Zuwanderung stattfindet, sind zu schließen.« (Alternative für Deutschland 2015: 12)

Der populistischen Imagination tut sich ein gespenstisches, unheimliches Szenarium auf: Die Verkehrung der kolonialen Situation. Das ins Vergessen Geschobene kehrt zurück. Waren es tatsächlich doch die Europäer, die fremdes Land »rasant« besiedelten, das als leer und unbesiedelt gedachte Land für sich urbar, bewohnbar machten, gefürchtete Unruhen mit dem Recht des Stärkeren blutig niederschlugen, über die Meere schafften, als Sklaven verkauften und Kulturen auslöschten. Nun kehren die Untoten, die Wilden über das Meer zurück, sie stehen an unseren Grenzen, bereit, »schleichend« verglimmende kulturelle Glut zu zertreten und nichts als kulturelle Asche zu hinterlassen.

Aus den ›wilden Gästen‹ werden »wilde Zuwanderer«. Die Wortwahl schöpft aus einem alten sprachlichen Inventar, wie das *Deutsche Wörterbuch* weiß: »Auch der alte begriff war im 16. Jh. noch klar vorhanden, wenn sie zu den verlassenen oder armen [...] gezählt werden.«[70] Mildtätigkeit, Barmherzigkeit und Mitbürgerschaft haben im christlichen Erbe mit den Hospizen historisch besondere Orte bekommen, die nicht nur Pilgern Obdach gewährten, sondern auch die Kranken- und Armenfürsorge übernahmen und die Aufgabe hatten, Witwen und Waisen, Bettler und Vagabunden, eben die »wilden Gäste«, also die Armen und diejenigen in ihr Regime aufzunehmen, die aus der sozialen Ordnung fielen. *Misericordia* und Almosen, die Gabe um Gottes Lohn wurden im Wohlfahrtsstaat zu Rechten, die freilich nicht allen zustehen und von denen »falsche böse buben unter bettlers namen« auszuschließen, souveräner Volkswille und Volkssolidarität berechtigt sind.

Rassistischer Furor, der sich nicht nur in der Anonymität der sozialen Medien entlädt, soll die Grenzen des Unsagbaren verschieben und verbindet sich unweigerlich mit Todespolitik. »Race has been the ever present shadow in Western political thought and practice, especially when it comes to imagining the inhumanity of, or rule over, foreign peoples«, so der Philosoph Joseph-Achille Mbembé (2003: 17).[71] Diese hervorgebrachten Bilder setzen alte Vorstellungen von der richtigen Verteilung der Körper in Szene und sie verweisen auf ein rassistisches Repertoire. Nun hat rassistisches Gedankengut lang schon die Aufgabe gehabt, Abgrenzungen als natürlich gegeben zu behaupten, aufrechtzuerhalten und zu ontologisieren. Formen von Rassismus, die nicht nur an biologische Konzepte gebunden sind, die Biopolitik, die sich, wie Foucault (2001) gezeigt hat, nunmehr an die Bevölkerung und den Volkskörper richtet, sind untrennbar an die Moderne und postkoloniale Beziehungen gebunden. Als Teil der europäischen Geschichte, ihrer Brüche, »Inkohärenzen, Kompromisse und ihrer Stabilisierung« (Derrida 1985: 295) bezeichnen sie eben gerade kein abzutrennendes ›Außen‹ Europas, das andere seiner aufgeklärten Vernunft, eines unaufhaltsamen Fortschritts und der Menschenrechte. Auch versammelt Rassismus sicherlich keine historisch oder regional einheitlichen Praktiken, Repräsentationen oder Symbolisierungen. In diesem Sinne entfaltet sich Rassismus weder nach einfachen binären Modellen noch in schlichten, statischen, sich beständig wiederholenden Antagonismen, die sich durch die Geschichte weitertragen.

Nun hatte bereits Claude Lévi-Strauss im Jahre 1950 in dem bekannten *Unesco*-Projekt die Forderung gestellt, den Begriff ›Rasse‹ durch ›Ethnizität‹, ›Rassismus‹ durch den Begriff ›Ethnozentrismus‹ zu ersetzen (Lentin 2011: 5).[72] Zugleich entsteht die Forderung nach interkultureller Erziehung und Kompetenz, soll Rassismus durch professionelle Pädagogik und Volksbildung zurückgewiesen und durch Psychologisierung und Aufklärung überwunden werden. Diese Absicht beruht auf der Annahme, Rassismus sei eine Ungleichzeitigkeit, eine »Aberration« (ebd. 2011: 6) der aufgeklärten Vernunft, eine Regression im Hinblick auf linearen Geschichtslauf und unaufhaltsamen Fortschritt, die Vernunft doch verwirklichen sollen. Seine Artikulationen werden zum anderen der Vernunft und markieren ein Paradox der Aufklärung. Sie werden vom konstitutiven Merkmal des Projekts der Moderne abgespalten, durch das Nachkriegsideal der Völkerverständigung und die zeitgenössische Forderung von Toleranz und Anerkennung von Differenz in multikulturellen Gesellschaften verdrängt, um doch immer wieder bestätigt und durch institutionellen Rassismus befördert und gefestigt zu werden.[73]

Auch müssen wir uns fragen, ob der sich in der derzeitigen Debatte um Mobilität beständig ins Spiel gebrachte Begriff ›Kultur‹ als Kennzeichen moderner Nationalstaaten, interner Kohäsion, geteilter Normen, Werte, Symbole und Bedeutungen weniger naturalisierend verwendet wird und nicht vielmehr den durch die Shoa diskreditierten und historisch belegten Begriff Rasse ersetzt hat und die schreiende ›Sorge‹ um die Unvereinbarkeit von Kulturen befeuert. Bereits der Nationalismus des 19. Jahrhunderts und der ihn stützende Antisemitismus brauchte die Erfindung der homogenen Kulturnation zur Begründung und Legitimation, ein sicheres, organisches Inneres zur Abgrenzung gegen Außen, kalte und berechnende Vernunft, den westlichen Liberalismus, heimatlosen Kosmopolitismus und die sich ankündigende wurzellose Massengesellschaft. So ist es auch kein Zufall, dass in der liberalen, multikulturellen Gesellschaft nationalkonservatives Raunen und nationale Restauration wieder auf längst zu Grabe getragene Tradition, deutschen Geist, Kulturproduktion, Musik und Literatur rekurriert und einen stabilen, geistigen Wesenskern, einen Volksgeist herbeiredet, den Kulturtheorien seit der Romantik behaupten und der sich bis heute im Begriff Kulturkreis eines Leo Frobenius oder der Wiener Schule des Erzkatholiken Pater Schmidt in der Diskussion hält und gegen die Invasion von unzivilisierten, vormodernen Muslimen, Arabern und Afrikanern ins Feld geführt wird. Nicht zufällig bringt sich der altbildungsbürgerliche Nationalkonservatismus gegen männliche Aggression der Invasoren in Stellung, verlangt männlich-wehrhafte Grenzen und trauert, gegen die Unübersichtlichkeiten der Moderne, nostalgisch um ein heroisch mannhaftes Zeitalter der Eindeutigkeit.

Wir müssen sehen, dass die derzeitige Kulturalisierung, die Rede von unvereinbaren Kulturkreisen, die sich im *Kampf der Kulturen* (in der deutschen Übersetzung wurde aus Samuel Huntingtons *Clash of Cvilisations* nicht zufällig *Civilisation* durch Kultur ersetzt) gegenüberstehen, Formen von Rassismus umschreibt und in dieser Umschrift das zum blinden Fleck macht, was die Moderne und ihre Ambivalenzen doch mitbegründet. In dieser Umschrift von Rasse in Kultur wird zugleich der konstitutive Rassismus der Sphäre des Politischen und seiner historisch unterschiedlichen Dimensionen entzogen:

»The moment the signifier ›black‹ is torn from its historical, cultural, and political embedding and lodged in a biologically constituted racial category, we valorize, by inversion, the very ground of the racism we are trying to deconstruct. In addition, as always happens when we naturalize historical categories (think about gender and sexuality), we fix that signifier outside of history, outside of change, outside of political intervention.« (Hall 1996: 475)

Nicht umsonst beschäftigen sich naturalisierendes Denken und die rassistische Imagination so nachdringlich mit demographischen Daten, Tabellen, Geburtenraten und den »Fortpflanzungsstrategien« der Anderen[74] – nicht ohne eigenen Sexualphantasien vom grandios ausgestatteten, potenten schwarzen Mann nachzugehen, dem der durch Genderstudien und Feminismus effeminierte, impotente, kastrierte weiße Mann nichts mehr entgegenzusetzen hat, der noch nicht einmal seine Frauen vor Ehrverlust zu schützen in der Lage ist.[75] Nicht umsonst bedienen sich Allmachts- und Auslöschungsphantasie und rassistische Rede stets auch eines Sexualidioms, das eigene Ohn-macht in einmütigem Vergewaltigungsrausch der Andersdenkenden formuliert.[76]

Musste der Nationalismus schon kulturelle Einheit beschwören, so wird in der antimodernen Moderne dem globalen Kapitalismus eine reine, vom Fremden gereinigte und purifizierte organische Volkseinheit, heimische Kulturvertrautheit entgegengesetzt, die aus deutschem Geist, urheimatlicher Scholle erwachsen und sprießen soll. Identitäre Heimat wird als propagandistischer Hebel ausgerechnet dort evoziert, wo in der globalen Zirkulation von Kulturprodukten, in der verallgemeinerter Konsum- und Warenwelt Heimat längst unmöglich geworden ist und bestenfalls in folkloristisch verkaufbarer Ausstellung ›deutscher Kultur‹ oder in ausgetüfteltem Citybranding gewinnbringend zu managen und zu vermarkten ist – eine PR-Übung, die für die im wahrsten Sinne des Wortes sich entvölkernden ländlichen Gebiete mit Mangel an autochthonen Frauen und die leere Monotonie deutscher Innenstädte und peripherer Shoppingmalls kaum Aussicht auf hinreichenden Erfolg verspricht.

Gerade diese fatale Kulturalisierung des politischen Raumes, einer als identitär gedachten Zugehörigkeit erlaubt dann auch eine Markierung des Fremden, die nicht einfach eine formal bestimmte, andere Staatsangehörigkeit und die an sie gebundenen Bürgerrechte anzeigt, sondern vielmehr Herkunft, Abstammung, eine genealogische Ordnung und kulturelle Differenz betont. Erst vor diesem Hintergrund kann die gängige Rede von der notwendigen ›Integration‹ des Kulturfremden ihre Macht entwickeln. Integration geht von der Reinheit des Einen, der Reinheit einer Kultur aus, in die der andere sich bestenfalls restlos einfügen kann. *Integro* bedeutet ja zunächst das, was unbeschädigt und unverändert ist. *In tegru/m* ist das Unbeschädigte, Unberührte, Unberührbare, Reine. Nur so kann das Wort ›Überfremdung‹ seine Absurdität entwickeln. Als gäbe es ein Übermaß an Fremdem. Da das Fremde das Eigene konstituiert, kann es keine Überfremdung geben, die eine, wie auch immer geartete, reine Substanz angreifen und mit jedem neuen Fremden kontaminieren und schleichend zerstören würde. Da die Frage, ab welchem zusätzlichen Fremden denn nun eigene Kultur zerstört werden wird, kaum zu beantworten ist, muss ein solches Denken, will es ein Min-

destmaß an Kohärenz bewahren, die dann nur konsequente Forderung stellen, auf dem eingegrenzten Staatsgebiet nur gebürtige Art-
verwandte, die in dieser Logik ja der einzige Garant für kulturelle
Reinheit sein könnten, zu dulden und alle anderen zu deportieren.
Historisch gibt es dafür bekanntlich Vorbilder. Auch sind, es wird
noch kurz darauf zurückzukommen sein, europäische ›Kulturen‹
sich immer schon fremd, eben weil sie keinen feststehenden, be-
stimmbaren Volksgeist oder Wesenskern aufweisen, der von anderen sicher zu unterschieden und abzutrennen wäre. Wir haben »es
niemals mit Wir-Sie-Gegensätzen zu tun, in denen essentialistisch
verstandene Identitäten zum Ausdruck kämen«, repräsentiert das
»Sie« doch die »sine qua non des ›Wir‹, sein ›konstitutives Außerhalb‹« (Mouffe 2007: 27), kann das Innen sich ohne das Außen gar
nicht konstituieren, ist das Eigene immer auch schon das Fremde.
Paradoxerweise teilt die Emphase einer in sich geschlossenen Kultur, einer abgeschlossenen Einheit diese Position mit klassischen
Versionen des Multikulturalismus, die das Recht von *communities*
auf »cultural survival« (Charles Taylor) proklamieren – und gerade
diese Position ist vielfach kritisiert worden, verteidigt sie doch Identitätspolitiken, erlaubt keine individuelle Wahlfreiheit und nimmt die
Unveränderbarkeit von Kulturen an.

›Kultur‹ wird dann als einvernehmliche Einrichtung, als ver-
bindlicher, gemeinsamer ›Sinn- und/oder Orientierungshorizont‹
verstanden, der einmal abgesteckt und vorhanden, eben gerade nicht
immer schon in alltäglichen Praktiken, Konflikt, Streit und Ause-
nandersetzung verhandelt wird. Nun führt die allgemeine Kulturalisierung und damit die Entpolitisierung von Konflikten dazu, den
jeweils Anderen als Repräsentanten einer Kultur *sui generis* zu sehen und damit partikulare Konflikte als verallgemeinerte *zwischen
Kulturen* in den Vordergrund zu rücken. Dieser Fokus beruht auf
zwei problematischen Annahmen und theoretischen Perspektiven,
die derzeit Hochkonjunktur haben. Zum einen wird der Begriff Gesellschaft (und Mitgliedschaft) durch Kultur (Angehörigkeit) ersetzt,
durch askriptive, eben unveränderbare Herkunft, durch Genealogie
und (symbolische) Verwandtschaft abgelöst, diese zugleich aber
nicht minder an Nationalstaaten gebunden, als Nationalkultur verstanden und in Identitätspolitiken instrumentalisiert. Mit dieser Bewegung wird zugleich das, was als das Politische bezeichnet werden
kann, durch ›Kultur‹ und – kaum zufällig – zunehmend auch durch
den (vermeintlich explanatorischen) Marker – ›Religion‹ ersetzt.

Auch die neoliberale Governance von Mobilität ist ein Ordnungs-
versuch, der wie die rassistisch-kulturalistische Version dem Politischen entzogen ist, wenn sie die Regulierung des Irregulären dem
Markt und seinen vermeintlichen Effizienzlogiken zutraut und – wie
die EU – unter den Anleitungen des Migration Managements zu regieren versucht. Politisches Handeln und Aushandeln wird in diesen
Logiken durch Markt und Handel ersetzt. Ganz in diesem Sinne gibt
es auch im Angesicht gescheiterter Verhandlungen der Mitgliedsstaa-
ten der EU um Aufnahmequoten marktgerechte Lösungsvorschläge:

»The European Council of 25-26 June failed to reach an agreement on the issue of EU refugee quotas, with several countries being divided over whether
and how responsibility for refugees should be distributed across EU member
states. In light of this failure, we outline a three-stage proposal for implementing a Tradable Refugee- Admission Quota System (TRAQS) which en-
compasses tradable quotas for refugees and a ›matching mechanism‹ that
takes into account the preferences of migrants and member states. We ar-
gue that this model could offer a realistic framework for compromise that
would be both *fair* and *cost-effective*.« (Rapoport 2015, Herv. HF)

Exemplarisch arbeitet dieser Vorschlag und sein am Realismus ori-
entierter Rahmen alle Schlagworte und Anweisungen für marktgerechte, neoliberale Politiken ein: nämlich prozedurale Fairness für
die Marktteilnehmer und vor allem, Kosteneffektivität.

»In practice, tradable quotas have only been used as a tool for environmen-
tal policy. However, a market for refugee admission quotas would be more
complex than a market for emissions quotas. Indeed, refugees are hetero-
geneous in terms of education, age, family status, and other factors that
can make them individually *more or less desirable* from the viewpoint of
receiving countries. No less importantly, in contrast to pollution particles,
refugees have preferences over their locations. This creates room for further
efficiency gains by taking into account refugees' and Member States' *preferences* [...].« (Rapoport 2015)

In rationalistischen Ansätzen ist Glück in der Verwirklichung
individueller »Präferenzen« – die gelegentlich auch »*desires*« genannt werden – zu suchen (Elster 1985: 2). In den letzten Jahren
hat rationalistisches Denken, ein Denken, das aufgrund einer fa-
talen Spaltung der Sozialwissenschaften charakteristisch für die

Wirtschaftstheorie wurde, eine Radikalisierung erfahren. Die Grenzen zwischen unterschiedlichen Handlungsgründen wurden in dieser Bewegung gänzlich eingeebnet und damit gerät prinzipiell jede Dimension menschlichen Handelns in die Reichweite rationalistischer Theoriebildung und sieht sich dementsprechend einer unbeirrbaren Präferenzanalyse unterworfen.[77] Nicht umsonst werden *preferences* und *desires* in diesem Handel um die Aufnahme von Flüchtende berücksichtigt und damit an die rationalistische Ausrichtung der Wirtschaftswissenschaften angeknüpft, in denen Präferenzen zum Kriterium von Handeln werden.

»If participating countries were compensated on the basis of the number of refugees and asylum seekers they bid for in the market, they would have an incentive to bid for a large quota and later on discourage refugees and asylum seekers from going there.« (Rapoport 2015)

Wenn Menschen einmal an ferne Ufer geworfen werden, können ihre Lebensmöglichkeiten auch versteigert werden. Die nach Marktkriterien organisierte Versteigerung von Lebensrechten orientiert sich dann an der Nachfrage nach dem *desirable* und *less desirable* Teil der Menschheit. Investition in Humankapital misst sich – hierbei jeder anderen Investition gleichgestellt – an zu erwartender Rentabilität. Auf dem Markt begehrt sind sicherlich junge Familien, nicht alleinstehende Männer; Gebildete und nicht Analphabeten, Junge und nicht Alte, Gebrechliche und Sieche. Die öffentliche Rede vom gebildeten syrischen Arzt oder der zukünftigen Rentabilität der Facharbeiter ist in diese Rechnung eingebettet und führt nicht nur in der Volkswirtschaftslehre zu erbitterten Kontroversen um die Rentabilität des an den Grenzen oder in den Aufnahmelagern geparkten Humankapitals und seine Trennung in rentabel oder »human waste«. Der rationalistische Vorschlag zur Steigerung der Kosteneffizienz gibt sich gänzlich befreit von historischer Erinnerung an Versteigerungen.[78] Auch will das Modell zur effizienten Marktlösung sich politischer Leidenschaft entziehen und wird gerade im Versuch des Entzugs umso deutlicher verwickelt. Das Vorbild des Vorschlags ist nicht zufällig: der Emissionshandel, also der Handel mit Umweltverschmutzung, dem Unerwünschten, dem Gefährlichen, dem, was die Konsumgesellschaft als Abfall ausstößt.

Die scheinbar sachliche Effizienzorientierung derzeitiger Governance verbindet sich mit populistischen Logiken. Sie kennen nur die

Wahl zwischen einfachen und daher effizienten und komplexen und daher weniger effizienter Lösungen. Prozesse gesellschaftlicher und politischer Aushandlung, die ja auch immer scheitern können, ins Leere führen oder nicht-intendierte Folgen zeitigen, liegen diesen Positionen fern, denn sie orientieren sich an einem hypostatierten, phantasmatischen gemeinsamen ›Volksinteresse‹, einem vermeintlich homogenen Interesse, das als solches dann immer von Volksverrat bedroht ist, wird der Wille nicht exekutiert, und nicht an politischen Aushandlung und schon gar nicht an ethischen oder moralischen Arrangements.

Nun schafft gerade die Entpolitisierung, wie Chantal Mouffe (2007: 95-100) feststellt, populistischen Bewegungen einen Raum. Gleichsam abgespalten, wird der Populismus zum »Symptom« des Apolitischen (Derrida 2002: 189), das Volk, Identität und Zugehörigkeit feiert und sich in kulturalisierenden Identitätspolitiken und in rassistischen Bildern artikuliert. Identitäre Obsessionen und Rassismus verweigern sich dem Politischen. Sie wollen eine ethnisch homogene Volksgemeinschaft begründen. Gegen populistischen Furor und die Evokation des alten Bildes vom Fremden, genauer: des jungen schwarzen Mannes als Parasit an Volkskörper und Volkswohlfahrt, kann die Ordnung von Mobilität dann nur einer mehr oder minder normativ angeleiteten, vernunftgemäßen, rationalistischen Bearbeitung und/oder einer ökonomischen Kosten-Nutzenrechnung, einer Effizienzlogik unterworfen werden und damit wird ebenso konsequent das Politische evakuiert (Friese 2014: 199-200). Wenn auch vor jeweils anderem Hintergrund, Populismus und Governance sind Teil des tragischen Grenzregimes und wie der pragmatische Humanitarismus entziehen sie sich dem Politischen.

5. Humanitarismus:
Subjektivität und nacktes Leben

Eingebunden in die herrschende Aufmerksamkeitsökonomie und die Notwendigkeit, einst in religiös-politische Rahmen eingebettetes Erbarmen, Mitleid oder Solidarität bewerben und verkaufen zu müssen wie jede andere Ware auch, untergräbt der Humanitarismus den Raum des Politischen.

In pragmatischer Absicht und gegen rationalistisch-gefühlssterile Machtanalyse gilt der Vorschlag Richard Rortys, den Kindern der Mächtigen »sentimentale Geschichten« zu erzählen, werden sie dadurch doch sensibler für das Elend der Welt und die Entwicklung einer »Kultur« der Menschenrechte:

»[P]roducing generations of nice, tolerant, well-off, secure, other-respecting students ... in all parts of the world is just what is needed – indeed, all that is needed – to achieve an Enlightenment utopia. The more youngsters like this we can raise, the stronger an more global our human rights culture will become.« (Rorty 1998: 179)

Nicht kategorischer Imperativ, Moral oder Vernunft bewegen, »it has become more easier for us to be moved by sad and sentimental stories« (ebd. 1998: 185). Ethik und Moral beruhen auf einem fragwürdig gewordenen Begriff von Vernunft und sollen daher durch historisch sich entwickelnde »Sensibilität« ersetzt werden:

»[...] let us concentrate our energies on manipulating sentiments, on sentimental education. That sort of education gets people of different kinds sufficiently well acquainted with one another that they are less tempted to think of those different from themselves as only quasi-human.« (Ebd. 1998: 176)

Es scheint als ob sich dieser Vorschlag durchgesetzt hätte und von derzeitiger Realität noch übertroffen wird. Besonders deutlich wird dies in den Inszenierungen des dynamischen Rettungsunternehmers, der humanitäre Tat zu seinem Aktionsfeld macht und das Sentiment des Publikums anspricht. Nun ist *Charity* lang schon kein Optional mehr, sondern Teil werbewirksamer *Social Responsibility*, die sich dem Regenwald, der Rettung Ertrinkender oder unbegleiteter Minderjährigen widmet und an betriebswirtschaftlichen Imperativen ausrichtet – und damit an die schlagenden Logiken einer Wirtschaftsweise und einer spezifischen Form von Governance – gebunden ist, ebenso wie ja auch das Andere im *Diversity Management* sich in die Marktlogiken einpasst und seine effiziente Regierung garantieren soll. Umgekehrt werden – wir haben das schon gesehen – ehemals öffentliche Aufgaben privatisiert, kommerzialisiert, Markt- und Managementlogiken untergeordnet und sind so auch demokratischer Entscheidung gänzlich entzogen. Auch humanitäre Organisationen sind in die Beziehungen der liberalen Ordnung – Staat, Markt und Zivilgesellschaft – und das Grenzregime einbezogen (Bernard 2011; Mesnard 2004).

Deutlich wird dies sicherlich auch in den Bildern, die Andere auf »nacktes Leben« (Agamben 1995) reduzieren. Die vom Humanitarismus erzeugten Bilder zeigen dynamische Aktion und dramatische Rettung und machen Körper schonungslos öffentlich. Sie entkleiden. Sie plündern die Würde des um das Leben kämpfenden, sie fixieren den Anderen in einer unendlich andauernden Opferposition, die Handlungsmöglichkeit und den Status eines Subjekts abspricht, in passiver Hilflosigkeit, Ohnmacht, als schieren Körper zeigt und ihnen die Macht des aktiven, heldenhaften Retters und das »souveräne Empfinden« des Zuschauers entgegenstellen (Giglioli 2016: 20). Held und Opfer sind, wir haben das schon gesehen, aneinander gebunden.[79]

In den endlosen Bildern, tatsächlich im Bombardement der in humanitären Bildern eingefrorenen Verwundbarkeit der Physis, der Körper, kann auch der Bilderkonsument Anteil haben an der Rettung der Unschuld und im Schrecken, der Wut, an der Konstitution von Subjektivität, die den Opferstatus dann auf sich selbst zurückfaltet und Retter und Zuschauer gleichermaßen Anteil haben lässt. Kaum überraschend kann das Photo des an Land gespülten Alan Kurdi mit dem Tabu der Darstellung von Toten brechen, verkörpert das Kind doch Reinheit, Unschuld und sicherlich auch einen zeitli-

chen Horizont, dem der Tod (noch nicht) eingeschrieben ist. Die rei-
ne Unschuld des Kindes entzieht jedem Verdacht, jedem möglichen
Feindbild den Boden. Was zählt, ist die Intensität augenblicklichen
Gefühls oder die Mitteilung emotionaler Befindlichkeit, nicht die
Distanz von Einordnung und Urteil.

Die seit dem Autounfall einer britischen Prinzessin eingesetzten Riten öffentlicher Trauer – Plüschtiere, Kerzenlicht, Blumen und
das handgemalte Schild ›Why‹ –, die Gedenktafeln, die mittlerweile
jeden Unfall monumentalisieren und kollektiver Erinnerung zugänglich machen sollen, stellen einmal die Frage, um welche Toten
getrauert wird (Butler 2004). Zum anderen schaffen sie nun gerade nicht, was einst als politisches Bewusstsein bezeichnet wurde,
nämlich die Einsicht in subjektive Empfindung übersteigende gesellschaftliche und politische Zusammenhänge.

Die Reduktion von politischer Entscheidung auf subjektive Gründe, die Einhegung des Politischen in subjektivem Gefühl sind Teil
der Abtrennung des Humanitären und der Menschenrechte von den
politischen Bürgerrechten, die Zugehörigkeit markieren. In Flücht-
lingslagern gibt es keine politischen Subjekte, keine Bürger, sondern
am Leben zu erhaltende, zu versorgende Objekte, die der Verantwortung für das eigene Leben und politischer Entscheidung entzogen,
tatsächlich von Mitleid, milder Gabe und *Charity* leben müssen, die
verteilt oder entzogen werden können.

Bei einer Pressekonferenz auf den 66. Filmfestspielen in Berlin
2016 wurde Gianfranco Rosi, Regisseur des preisgekrönten Films
Fuocammare gefragt:

»You made that very political film without a political statement and it seems
to me that without a political statement then the situation is no longer aimed
at any country but is the responsibility of *all* of us to deal with it. Is that the
case?« (8':00"-8':19")

Der Regisseur antwortet:

»Von allem anderen abgesehen, glaube ich, dass der Film politisch ist. Meine Filme sind nicht, sie haben keine politische Valenz, aber dieser Film ist
es sicherlich, von allem anderen abgesehen. Ich glaube der Film legt von
einer Tragödie Zeugnis ab, die sich vor unseren Augen abspielt. Und daher
glaube ich, dass wir alle für diese Tragödie verantwortlich sind. Nach dem
Holocaust vielleicht eine der größten Tragödien, die wir erleben [Applaus

9':10"-9':18", HF]. Leider wurden uns damals die entsetzlichen Bilder erst am Ende dieser Tragödie übergeben. Wir sind uns bewusst. Derzeit haben wir die Möglichkeit, zu sehen, diesen Leuten ständig in die Augen zu schauen, täglich werden wir mit Bildern bombardiert, mit Nachrichten und deshalb glaube ich, dass politisch, dass es die Pflicht der Politik ist, die politische Verantwortung zu übernehmen – das gilt nicht nur für einige Länder, nicht nur für Europa, das muss weltweit geschehen. Wenn man von Personen spricht, die sterben, weil sie wenige Seemeilen – von der Türkei nach Lesbos sind es nur sieben Kilometer. Wenn es Leute gibt, die vor Krieg fliehen, vor Hunger, welcher Not auch immer und die das Meer überqueren, das Meer zum Grab wird und wir uns dessen bewusst sind, dass wir für dieses Blutbad, dieses Verbrechen verantwortlich sind.« (Applaus 10':22"-10':27", Rosi 2016)

Zum moralischen Referenzrahmen wird hier die Shoa, die uns auffordern soll, die Augen nicht zu verschließen, sondern hinzusehen, ja mehr noch: in die Augen der Untergehenden zu sehen. Diese Referenz wir ja nicht nur von dem Komponisten Ennio Morricone aufgenommen, der die Stimme der auf dem Meer Untergegangen (la voce dei sommersi, 2013) vertont hat und damit natürlich auf das, zumindest jedem Italiener, bekannte Buch von Primo Levi *I sommersi e i salvati* (Die Untergegangenen und die Geretteten) anspielt. Das Geschehen zur Kenntnis zu nehmen, fordert dann auch auf, politische Verantwortung zu übernehmen, in die ›wir‹ eingebunden sind, weil wir auf die Not der Anderen antworten müssen und daher Verantwortung zu übernehmen haben. Doch auch hier mischt sich in einem Atemzug Inkompatibles, wird die Shoa an den Topos ›Tragödie‹ gebunden – ganz als ob industrieller, bürokratisch organisierter Massenmord als ›tragisch‹ sich bezeichnen ließe und die Täter sich unschuldig vor eine aporetische Situation, einen unlösbaren Widerstreit gestellt gesehen hätten, vor der sie immer nur schuldig hätten werden können, weil einmal das Gesetz der *polis*, des Staates, ein andres Mal das des zu bestattenden Bruders zu brechen gewesen wäre. Auch mischt sich die zu lang erzählte Mär vom Nicht-Sehen, Nicht-Wissen mit der heutigen Bilderflut, dem »Bombardement«, die ebenso zu Unsichtbarkeit und Apathie führen. Die Gleichsetzung misst sich nicht umsonst an der Shoa, um der Aussage, dem Film, den Bildern von Tod und Rettung Gewicht zu verleihen. Möglich wird diese gezielte Gleichsetzung – die sogleich vom Applaus der Zuschauer begleitet wird – vor der Etablierung des universalisierten, der Geschichte, des Politischen entzogenen absoluten Opfers, das jenseits jeder Vorstellung, möglicher Repräsentation und jeglicher Abstufung, Hierarchisierung verbietet und keine Konkurrenz duldet. Nicht umsonst misst sich die Gleichsetzung an der Shoa, um der Aussage Legitimität, dem Film Gewicht zu verleihen und entzieht sich gerade dort dem Politischen, wo der Film politisch sein möchte. Das Opfer schafft keine politische Gemeinschaft, ebenso wenig wie Menschheit ein politischer Begriff ist. So beschreibt Jacques Rancière »das humanitäre Zeitalter« als »jenes, in dem das Denken des absoluten Opfers die polemischen Spiele der Subjektivierung des Unrechts verbietet« (Rancière 2014: 136). Damit beginnt »das Reich des ›Humanitären‹ [...] da, wo die Menschrechte von jeder Fähigkeit polemischer Vereinzelung ihrer Universalität abgeschnitten sind« (Rancière 2014: 134).

Nun ist – wir haben das schon gesehen – das tragische Grenzregime tragisch deshalb, weil es die Aporien der politischen Ordnung, einer deliberativen Demokratie augenfällig macht, die Menschen an ihren Grenzen sterben lässt, es ist tragisch, weil es Konflikte kenntlich macht und in das Politische einträgt. Der derzeitige humanitäre Realismus entzieht sich dem Politischen. In der eingesetzten Opfermythologie gefangen, verweist das Opfer in einem unendlichen Zirkel immer nur auf das Opfer und kann nie die Bühne des Politischen betreten oder, um erneut Rancière aufzugreifen, die »Umwandlung der demokratischen Bühne in die humanitäre Bühne« (Rancière 2014: 135) führt zu ihrer Entpolitisierung.

Bereits Hannah Arendt (1949) hat auf die Spannung zwischen universalen Menschenrechten und der Partikularisierung und Konkretisierung im Nationalstaat aufmerksam gemacht. Wie sie deutlich macht, reduzieren die Menschenrechte Flüchtende auf das nackte Leben und schneiden sie von der politischen Gemeinschaft, den Bürgerrechten und dem Gemeinsamen ab.[80] Auch sind wir »vor die unausweichliche und höchst verwirrende Frage gestellt, ob es überhaupt unabdingbare ›Menschenrechte‹, das heißt Rechte gibt, die unabhängig von jedem besonderen politischen Status sind und einzig der bloßen Tatsache des Menschseins entspringen« (Arendt 1949: 756). Gleichheit, so betont sie gegen das Naturrecht,

»ist uns nicht gegeben, sondern wird durch eine vom Prinzip der Gerechtigkeit geleitete menschliche Organisation produziert. Als Gleiche sind wir nicht geboren, Gleiche werden wir als Mitglieder einer Gruppe erst kraft unserer Entscheidung, uns gegenseitig gleiche Rechte zu garantieren.« (Ebd. 1949: 764)

In diesem Sinne hat der Geflüchtete keine Rechte, sondern in ihrer bekannten Formulierung vielmehr das »Recht, Rechte zu haben«, also das Recht, zu einer Gemeinschaft zu gehören. Das Recht auf Rechte ist das Recht auf Mitgliedschaft, das Recht darauf, Anteil zu haben, zu zählen, Mitglied eines Gemeinwesens und so erst Mensch zu sein. Ein Gemeinwesen, das dieses negiert, spricht sich letztendlich selbst das Menschsein ab.[81]

Wenn es also darum geht, die Menschenrechte an Zugehörigkeit zu binden, ist der Mensch doch nicht ›nacktes‹ Leben, sondern wird erst durch soziale und politische Anteilhabe zum Menschen, so verweigert sich der populistische Diskurs diesem Recht auf Rechte und damit auch dem Politischen ganz entschieden, während die Marktlogik derzeitiger Governance sich – wie der Humanitarismus – dieser Frage entzieht. Es bleibt zu fragen, welche Positionen die Artikulationen von Dissens einnehmen.

6. Dissens: Mobilisierung und Konformismus

Es scheint, als hätten Populismus und Governance auf der einen und (Post-) Humanitarismus auf der anderen Seite, sich in gemeinsamer Anstrengung der Vertreibung des Politischen gewidmet und sich der Figuren bemächtigt, die beständig Differenz produzieren und zugleich auf das Paradox der Demokratie verweisen.

Doch auch auf Dissens und Solidarität beharrende Diskurse verzichten durchaus nicht auf die Figur des traumatisierten Opfers und die Legitimität, die dadurch verliehen wird:

»Most of us are victims of war. Some of us lost our families; many of us are separated from their children, wives and husbands, while countless number of us died on the journey to Europe under the watchful eyes of FRONTEX. As a result, many of us remain traumatised today. Yet, instead of being given the necessary therapeutic and other support, we are discriminated against, subjected to brutal and greedy exploitation and exclusion, various forms of psychological torture and expected to gratefully accept our unspoken label of subhuman or ›Untermensch‹ in the name of refugees because we don't have bombs raining on us.« (Review on Break Deportation Culture – Deportation is criminal and we fight to stop it! http://thevoiceforum.org/node/4308, 10.01.2017)

Dennoch tritt hier ein zentrales Element hinzu, denn Solidarität, Austausch und gemeinsames Handeln schaffen Stärke und Selbstermächtigung.

»By coming together, we will continue to learn from each other, develop our strength by continued self-empowerment to break the deportation culture and to overcome the different faces of injustice in Europe.« (Ebd.)

Werden im Humanitarismus die Geflüchteten zu Opferfiguren und deren Retter zu Helden, so sind sie auf der Bühne des Aktivismus und einiger angeschlossenen Diskurse angewiesen, die Rolle des Befreiers und Helden im Kampf gegen globalen Kapitalismus und (einschließenden) Ausschluss zu spielen.

»Die *Selbst*organisation und Vernetzung derer, die von kollektiver Unterdrückung betroffen sind, schaffen die Community und stellen eine Waffe zur Erkämpfung der *Selbst*bestimmung durch die Geflüchteten dar – die andere besteht in der *Selbst*verpflichtung. DIE COMMUNITYS BRAUCHEN UNS«,

so der »Aufruf an die Flüchtlings-Communities für ein Solidaritätsnetzwerk in Deutschland und Europa« (BEWEGUNG 2016).

Mobilität und ein Aufbruch aus einem schlechten Leben können sicherlich befreiend sein. »Deine Befreiung ist an meine gebunden! Deine und meine Freiheit hängen miteinander zusammen!« (Ebd.)

»Wir rufen alle Geflüchteten/Asylsuchenden und Migrant_innen auf, auf der Basis von Vertrauen Communitys [sic!] aufzubauen, um *unsere Solidarität* gegen unsere anhaltende unmenschliche Behandlung in Deutschland und Europa zu stärken. Selbstorganisation geht darüber hinaus, anderen unsere Geschichten und Probleme *zu erzählen.* Ihr Ziel sollte in der Ermächtigung bestehen – durch eine unabhängige politische Plattform und durch die Selbstbestimmung in der Flüchtlings-Community, *gemeinsam mit* Flüchtlingsaktivist_innen und *für* die Geflüchteten.« (Ebd. Herv. HF)

Autonomie, so wird hier erkannt, erschöpft sich nicht im Storytelling, der Konstitution eigener Subjektivität in der Erzählung. Hier soll sie im Topos der Selbstermächtigung (*empowerment*) erfolgen. Ziel soll die Ermächtigung sein, die sich jedoch nicht eines Gestus enthalten kann, der erneut etwas für Andere tun will, bereits erzeugte Logiken einfach mitschreibt und damit sogleich eine doppelte Asymmetrie einrichtet: *Wir* rufen auf! Doch wer ist das ›Wir‹ des Appells und an wen richtet er sich? Die Aktivisten unter den Geflüchteten? Die migrantisch-transnationalen Communities erweisen sich nun nicht unbedingt als die Speerspitze proletarisch-subalterner Organisation oder der Proteste der Multitude. Erstaunlich auch: *Wir* rufen zum Aufbau von Communities auf, um *unsere* Solidarität zu stärken. Warum soll Solidarität nicht *mit*, sondern *für* die Geflüchteten gezeigt werden? Wer wird repräsentiert? Zugleich: Wer schafft

Vertrauen und wie ist Vertrauen an Gemeinschaft gebunden, die dann Solidarität stärken soll? Wodurch qualifiziert sich der Andere, der unbekannte Fremde für geschenktes, gegebenes Vertrauen, dem Vertrauen darauf, dass er mit Sicherheit Gutes beabsichtigt? Trauen, sich vertraut machen und stärker: vertrauen, anvertrauen, sollen enge Beziehungen und eine Gemeinschaft begründen, die, wie eine Trauung, in der Selbstermächtigung besiegelt wird. Soll Vertrauen hier (kulturelle) Differenz überbrücken? Man kann sich also fragen, ob dieser Aktivismus nicht ebenfalls Identitätspolitiken befördert, die Differenz in der Identität des Anderen verorten. Das Politische jedoch verweigert sich eindeutiger kollektiver Identitäten und ihrer jeweiligen Vertretungsansprüche.

Nun schafft gemeinsames Handeln sicherlich politische Räume und das, was Isin »activist citizenship« genannt hat (Isin 2009: 368), eine performative Bürgerschaft, die sich nicht an Staatsbürgerschaft bindet.[82] Zugleich zeigt sich die doppelte Trennung, eine Asymmetrie einmal zwischen den Aktivisten selbst und dann zwischen der durch Vertrauen geschmiedeten Communities und *den* Geflüchteten, für die man (auch) kämpft. Bewegung hebt damit eine Unterscheidung zwischen Aktivisten und ihren Einsatz für Geflüchtete auf, die ja in einer Community aufgehen sollen.

Auch zeigt sich eine Form doppelter Mobilisierung, die Mobilisierung in und durch Mobilität und die Mobilisierung mit und durch die Aktivisten der Bewegung.[83] Mobilität und Flucht sind sicherlich eine Form von individueller und gemeinsamer Mobilisierung, Protest und Aufbegehren gegen unhaltbare Lebensumstände, verweigerter Zukunft und der sozialen Imagination, die Fortkommen an einen anderen Raum bindet. Mobilität ist daher auch als eine Form *sozialer Bewegung* verstanden worden (Mezzadra 2011). Mobilität als Mobilisierung zu verstehen, weist dann in zwei Richtungen: Zum einen betrifft sie – wir haben das schon gesehen – das Verständnis von Autonomie und zum anderen das Verständnis des Politischen.

Nun ist der Begriff von politischer/sozialer Bewegung historisch ambivalent. Er spannt sich als dynamisch gedachtes Element zwischen Staat und Volk. Folgen wir Giorgio Agamben (2005), so hat er historisch seine Konturen in der Julimonarchie 1830-1848 erhalten, als sich die Kräfte des Wandels als Partei der Bewegung (*Partie du Mouvement*) konstituieren und sich in der Zweiten Republik die Partei der Ordnung (*Partie de l'Ordre*) sich von der Linken absetzt. Dynamische, soziale Bewegung wird dann auch in Opposition zu

Ordnung, statischem Staat und der Justiz gesehen.[84] Später wird
Carl Schmitt 1933 drei Elemente der neuen einheitlichen Ordnung
sehen:»Staat, Bewegung, Volk«. In dieser unheilvollen Konstellation
ist allein die Bewegung politisch, nicht der statische (bürokratische)
Staatsapparat und das (unpolitische) Volk. Bewegung wird hier zum
eigentlichen politischen Moment. Demokratie endet da, wo Bewegung beginnt, nicht Volk, *Demos* ist hier konstitutiv für Demokratie – eine Sicht, die paradox genug, von der antagonistischen Position
geteilt wird:»the concept of movement presupposes the eclypse of
the notion of people as constitutive political body« (Agamben 2005).
Damit ist das unpolitisch gedachte Volk tatsächlich ›Bevölkerung‹,
die beschützt und genährt werden muss. Wenn *Demos* zu Bevölkerung (bei Schmitt»echte Volkssubstanz« [1933: 32]) wird, dann kann
politisches Subjekt allein die Bewegung sein. Die Politisierung der
Bevölkerung ist dann nur durch eine Zäsur möglich, die sich durch
Identität (Rasse und»Artgleichheit«) und einen inneren Feind konstituiert – eine mehr als beunruhigende Vorstellung, die kaum zufällig von einigen der derzeitigen Propagandisten des Nationalpopu-
lismus geteilt wird.

»Its politics can only be founded on its capacity to identify an enemy within
the people, in Schmitt's case a racially extraneous element. Where there
is movement there is always a caesura that cuts through and divides the
people, in this case, identifying an enemy. [...] The movement politically de-
cides on the unpolitical. It can be racial but it can also be a management of
government of populations, as in today.« (Agamben 2005)

Nun soll selbstverständlich keinesfalls behauptet werden, national-
populistische und antagonistische Positionen seien deckungsgleich.
Dennoch müssen Begriffe wie Bewegung oder Autonomie aufmerksam durchdacht werden, sollen sie nicht von dem skizzierten
Begriffsdreieck Staat – Bewegung – Volk, hier: die ›Massen‹, eingerahmt und bestimmt werden.

   Mobilität als soziale und politische Mobilisierung zu verstehen,
umfasst auch ein Verständnis von Autonomie. Folgerichtig betont
eine auf Autonomie von Migration beharrende Perspektive, dass

*»there is an autonomy of emigration adverse to the politics of states and
this accounts for emigration as well as immigration. [...] Though myriads of
experts and officials in the administrative bodies of state institutions and*

international organisations are preoccupied with emigration, they have no clue about this independence or autonomy of migration flows. [...] One can counteract emigration with repressive means, ›advance‹ the return of immigrants, but one can not open or block the flows from one's point of view and programming.« (Moulier Boutang, zit.n. Scheel 2013: 275-276)

Die Autonomie der Migration in den Blick zu nehmen bedeutet dann auch,

»to jettison the ubiquitous notions of the migrant as either a useful worker or as a victim. Instead of conceiving of migrational movements as derivatives of social, cultural and economic structures, the autonomy-of-migration lens reveals migration to be a constituent creative force which fuels social, cultural and economic transformations. Migration can be understood as a force which evades the policing practices of subjectivity.« (Papadopoulos/ Stephenson/Tsianos 2008: XVIII)

Nicht nur werden gegen ökonomische Perspektiven die Mobilität ausmachenden subjektiven Gründe und Träume gesehen, auch wird sie als dynamischer Faktor sozialer und besonders ökonomischer Veränderungen und der Neuordnung von segmentierten Arbeitsmärkten auf globaler, nationaler und lokaler Ebene verstanden. Abgelehnt werden sowohl die gängige Viktimisierung von Migranten als auch eine Sicht, in der die Regierung der Grenzen eine vollständige Abschottung, die vollständige Kontrolle der Grenze gelingt und die damit immer auch staatsorientiert ist (Scheel 2013; vgl. Mitropoulos 2003).

»The paradox of migrant social movements is that they can at once exceed the formal confines of citizenship and at the same time reinforce them. They contest the discourse of legality and illegality, and then inadvertently reproduce the discourse when and if they gain access to rights and regularization.« (Nyers 2015: 31)

Doch auch wenn in dieser Sicht aktivistische, mobile und performative Bürgerschaft der formalen Staatsbürgerschaft vorausgeht, sich migrantische, mobile Bürger gegen Grenzregime, Ausschluss, staatliche Kontrolle wehren und Rechte beanspruchen, so machen sie dennoch Ansprüche auf Rechte und Anerkennung an Staat und Justiz geltend, bleiben innerhalb des angefochtenen legal-staatlichen

Bezugsrahmens (ebd. 2015: 25, 31)[85] und verweisen damit immer nur auf eine Leerstelle und das Paradox der Demokratie. Was in solcherart begründetem und paradoxerweise staatsorientiertem Aktivismus und seinen Diskursen ebenfalls vernachlässigt wird, sind die Aushandlungsprozesse zwischen migrantischen Bürgern und solchen, die sich gegen sie stellen, sie verlässt den Raum des Politischen, wo der Aktivismus meint, diesen zu öffnen.

Eine solche Perspektive, so ein weiterer Einwand, unterschätzt zudem die Reichweite von Macht und Gewalt, die technologische Aufrüstung der Grenze und ihrer Regierung – den über 5.000 Toten, die letztes Jahr im Mittelmeer versunken sind, kann sicherlich kaum der Hinweis auf autonomes Handeln als heroischer Nachruf dienen.

Kaum überraschend bringt die (theoretische) Rahmung dieses Diskurses dennoch die Figur des Befreiers, des Heros sozialer und politischer Kämpfe hervor und offenbart die »unfounded stylisation of migrants as self-reliant heroes of clandestine border crossing« (Scheel 2013a: 590). Gegen Humanitarismus und Sicherheitsdiskurs sollen dann die »infinite survival struggles, articulations and claims in precarious spaces« der »subalternen Migranten« in den Bick kommen. Die prekäre Lebensweise und die alltäglichen Überlebensstrategien (illegalisierter) Migranten werden hier in einem Handstreich zu »Widerstand« erklärt und den sozialen Kämpfen einverleibt, die neue »new socialities of livelihoods« produzieren sollen. In einem solchen Rahmen werden selbst Not und Anpassung, notgedrungene Einordnung in prekäre Lebens- und Arbeitsverhältnisse, die Unsicherheit sozialen und ökonomischen Überlebens, eines hinreichenden Auskommens und der Etablierung von Beständigkeit und Solidität zumindest versprechenden Normalität zu notwendigen Ressourcen »subversiver Logik« in einer »produktiven Matrix«, die »an ever-increasing need and desire for establishing and enhancing commoning processes« hervorbringen soll (Trimikliniotis/Parsanoglou/Tsianos 2015: 3, 12).[86] In dieser Logik bewirkt und schafft Not die produktive Veränderung der Ordnung des Prekären, sollen individuelle Überlebensstrategien, deren Alltag nicht unbedingt solidarisches Handeln hervorbringt, wirkt Macht doch auch und gerade durch das Subjekt und schafft Subjektivität, gemeinsame Prozesse fördern, die gegen Prekarisierung und Exklusion in Einsatz zu bringen sind. Auf der Suche nach Widerständigem werden dieser Perspektive selbst die Lager, »spaces of detention« zu »sites of contestation that can be used by migrants (and those in solidarity with them) as resources to navigate border controls, reimagine political community and subjectivities and through which migrants engage in practices of citizenship« (Rygiel 2011: 1). Es fällt nun wirklich schwer, in der ungleich verteilten Prekarität, den teils mit brutaler Gewalt Deportierten auch noch zum Gewinn einer neuen Subjektivität zu gratulieren.

Während der populistische Diskus den Anderen als Feind oder bestenfalls als Konkurrenten im Kampf um Ressourcen und angestammte Privilegien sieht, der humanitäre Diskurs mobile Menschen zu Opfern machen muss um bestehen zu können, so wird hier der Prekarisierte zum Agenten produktiver Vergemeinschaftung, mit deren Etablierung sogleich eine heroische, antagonistische Position reklamiert werden kann. Dem am Heros des Widerstands orientierten Blick gelingt das Kunststück, eine autonom handelnde, antagonistische Gemeinschaft zu beschwören, die aus der Not des Prekären eine Tugend macht und eine politische, also antagonistische Strategie gewinnen will, die sich gegen die Normalisierung des Prekären wendet. Nun können und müssen wir uns fragen, ob eine solche Bewegung sich nicht selbstreferentielle und romantisch-imaginäre Räume schafft:

»Die in Bewegung befindlichen Meuten mobiler ArbeiterInnen, die in schwimmenden Särgen von Kontinent zu Kontinent übersetzen, schaffen unzählige neue, unbenannte, ungezügelte und nicht identifizierte Subjektivitäten. Menschen agieren gemeinsam und machen Welt, ohne ihren Allianzen und Existenzbedingungen irgendwelche bleibenden Namen zu geben. Ohne jemals darauf abzuzielen, kommt diese Mannigfaltigkeit von Subjektivitäten einer Unzweideutigkeit gleich.« (Papadopoulos/Tsianos 2008)

Mobilität wird an imaginiertes, imaginäres Nomadentum und soziale Bewegung, die Vorstellung von Freiheit angeschlossen, die im europäischen Denken auf eine lange Überlieferung verweisen kann. Diese assoziiert Bewegung mit Neuerung, Fortschritt und Sesshaftigkeit mit Stillstand, dumpfem Beharren und blinder Tradition.[87] In der Inversion des Bildes vom satten, bodenständigen Bürger wird der frei umherschweifende Nomade zum Retter und die imaginierte Figur des Nomaden als Befreier verspricht das Heraufkommen neuer, »unbenannter und ungezügelter« Subjektivitäten.

Das Politische übersteigt formale Zugehörigkeit und Staatsbürgerschaft, es konstituiert sich in Antagonismus, Dissens und in performativen Akten der Bürgerschaft, die einschließt, wer nicht zählt. Obgleich diese Perspektive aktive Bürgerschaft affirmiert und damit den sonst nur den Staatsbürgern zugestandenen politischen Raum zweifellos entscheidend öffnet und erweitert, so wird dieser Raum doch untergraben, wenn der Geflüchtete, der mobile Migrant zum Heros sozialer Kämpfe stilisiert und einem Imaginationsraum eingeschrieben wird, die kaum die bekannten Bahnen eigener Träume und Aspirationen, ja, die westlichen Gegenbilder der Modernisierung und der Vorstellungen eines guten Lebens verlässt. Kritische Praxis meint paradoxerweise zum einen die Ablehnung einer Lebensform, die zum anderen den Geflüchteten doch als Imaginationsraum von Freiheit und besserem Leben dient. Das heißt zugleich, dass mögliche Differenzen sogleich eingeebnet werden: »Deine Befreiung ist an meine gebunden!«, verspricht der Aktivismus schließlich in inkludierendem Telos, der Pluralität und Differenz seltsamerweise da einebnet, wo er sie im Ausruf doch beschwört.[88]

Erstaunlicherweise vernachlässigt eine solche Sicht zudem die Medien, die Medialisierung politischer Subjekte und deren Rolle in der Konstitution politischer Subjektivitäten, die auch und gerade darüber bestimmen, welche Kämpfe sichtbar werden und welche unsichtbar bleiben. Mit dieser Unterscheidung etabliert sich nun aber herkömmlicherweise der politische Raum. Die Frage ist ja nicht nur, *dass* Geflüchtete auf der Bühne des Politischen erscheinen, ihre Stimme erheben, sichtbar werden und zählen. Die Frage ist auch und gerade *wem* sie als sichtbar erscheinen und *wie* sie in den Blick kommen, in den Blick genommen werden, ohne sogleich wieder der sozialen Imagination und den Figuren des Feindes, Opfers oder Heros eingespeichert, einverleibt und durch die angeschlossenen Diskurse eingerahmt zu werden.

Mit dieser Frage wird zugleich eine Ethik der Aufmerksamkeit angesprochen, die sich nicht im *content* (sozialer) Medien verschleißt. »Generalisierter Konformismus«, so Castoriadis, kann als »collective withdrawal from autonomy and subsequent retreat into privatized individualism« beschrieben werden:

»At the most fundamental level, the notion of ›generalized conformism‹ embodies Castoriadis's political preoccupation with processes of depoliticization, privatization and social withdrawal, that is with contemporary forms of heteronomy.« (Elliot 2012: 354)

Nun hat sich im digitalen Zeitalter und der Ökonomie der Aufmerksamkeit ein transnationaler Konformismus entwickelt, der das Soziale und Politische privatisiert, subjektivem Sentiment überantwortet, an – wir haben das im Kontext des neuen Humanitarismus schon gesehen – rührende oder schockierende Bilder von Opfern und Leid bindet. Gerade die sozialen Medien sind zu einer alltäglichen Form von Komplizenschaft und heteronomer Macht geworden. Dissens verfolgt dann nicht nur einen Bruch mit ergreifend-humanitärem Sentiment und Mitleid, denn

»[...] pity produces narcissistic emotions about the suffering ›other‹ that cannot move the spectator beyond the reflex of caring only for those like ›us‹. Instead of global care, therefore, pity produces a form of global intimacy. The emphasis on pity and emotion, [...] should be combined with an emphasis on detached reflection, on the question of why *this* suffering is important and what we can do about it. This is difficult. We live in a society where our own private feelings are the measure against which we perceive and evaluate the world and others. The media reflect this. They are almost obsessively preoccupied with our ›interiorities‹ – our intimate relationships, fears and desires, homes, bodies and appearance. Reality television is one obvious manifestation of a public culture that takes intense narcissistic pleasure in staging the private for all to see.« (Chouliaraki 2006: 13-14)

In diesem Kontext gilt es dann also einmal, Distanz gegen die herrschende Medienökonomie und parasitäre Logiken zu gewinnen. Dissens wäre dann auch an Distanz und das Ethos des Abstands gebunden. Dissens erwiese sich dann im Einspruch gegen diese machtvollen Bilder und die hervorgebrachten Figuren, im Einspruch gegen Gefühlspolitik und ihren Identitätsangeboten. Erst mit dem Einspruch auch gegen die ihnen innewohnenden Asymmetrien, erst dann kann Dissens antagonistisch und damit auch politisch werden.

Mobilität fordert Demokratie heraus, sie macht das Paradox der Demokratie und ihre einschließend-ausschließende Grundlage deutlich, sie offenbart die Anmaßung des *Demos*, das Ganze der Gemeinschaft darzustellen, andere von der politischen Gemeinschaft auszuschließen und ihnen Rechte zu verweigern. Zu diesem Paradox gehören auch die bereits angesprochene normative Inkongruenz zwischen Nationalstaat und den »Rechten von Anderen« (Benhabib 2004) und das Beharren auf nationaler Souveränität, die Spannung zwischen universalem Menschenrecht und Nationalstaat (so erkennt Art. 13 der Allgemeinen Erklärung der Menschenrechte Freizügigkeit und das Recht auf Auswanderung als unveräußerliches Recht an, nicht aber das auf Einreise, Aufenthalt und Staatsbürgerrechte). Mobilität fragt so immer auch nach dem Verständnis dessen, was Gesellschaft und eine politische Gemeinschaft ausmacht, sie berührt zentral das Verständnis von Grenzen und Souveränität. Sie fordert damit auch Grenzen heraus, die die Identität der Nationalstaaten und Europas garantieren sollen.

Die skizzierten Versionen der politischen Philosophie, Liberalismus und konsenquentialistische Logik, kosmopolitische Versionen und schließlich die Forderung nach bedingungsloser Gastfreundschaft und offenen Grenzen (Cassee 2016) bewegen sich in diesem Paradox. Auch die soziale Imagination, ihre machtvollen Bilder und die mit ihnen verwobene Diskurse, Populismus, Humanitarismus und Dissens verweisen auf die Aporien der Demokratie, wenn sie in schlagender Konsequenz das Politische evakuieren.

Wenn Menschen sich das Recht nehmen, ungefragt Grenzen zu überschreiten, dann fordert Mobilität auch den Raum der Politik heraus, unterbricht sie doch die eingerichtete Ordnung, mit der Politiken an den Raum der Organisation von Nationalstaaten und dem Verständnis von Souveränität gebunden sind und legitimiert werden. In diesem Sinne öffnet Mobilität einen Raum des Politischen, in dem diejenigen erscheinen, die ausgeschlossen sind, diejenigen einen Anteil fordern, die als »Anteilslose« nicht zählen (Rancière), diejenigen erscheinen, die als nicht betrauerbar gelten (Butler), weil es als ausgemacht gilt, dass sie der menschlichen, der politischen Gemeinschaft nicht angehören. Sie öffnet einen Raum des Politischen da, wo diejenigen, die nicht dazugehören sollen, in aktiver Bürgerschaft handeln.

Mobilität macht zugleich mehr als deutlich, dass die Nationalstaaten und Europa sich immer schon fremd sind, immer schon durch ihr Anderes und diejenigen geschaffen wird, die als fremd gelten. Fern davon in seinem ›Inneren‹ von heimlichen gemeinsamen Strukturen oder eines untergründigen nationalen oder europäischen ›Wesens‹ beherrscht zu werden, die eine Identität gegen ein fremdes, bedrohliches ›Außen‹ garantieren sollen, wird Europa in seiner »Exzentrität« (Brague 1993), seiner »Verrücktheit« (Morin

1988: 123), seiner »Provizialisierung« (Chakrabarty 2000), im be-
ständigen Aufschub deutlicher Zugehörigkeiten und einer kulturellen Einheit. »Es gibt keine Kultur und keine kulturelle Identität
ohne diese Differenz mit sich selbst«, so bemerkt Derrida und fügt
hinzu: »Es gibt keinen Selbstbezug, keine Identifikation mit sich
selbst ohne Kultur – ohne eine Kultur des Selbst *als* Kultur *des* anderen.« (Derrida 1992: 13). »Die Provinzialisierung Europas erfordert,
daß es seine Nationen überwindet«, so stellt Edgar Morin fest (1988:
198) und fordert eine unerhörte Geste, eine »entscheidende Anstrengung«, nämlich nichts weniger als die »Stiftung« Europas, eine
politische Anstrengung für ein kommendes, ein immer werdendes
Europa, das auch und gerade im Angesicht nationalpopulistischer
Identitätswallungen und ihrer rabiaten Stoßtruppen, kulturalistisch
gefärbter Rassismen, dem tödlichen Eifer im Ziehen neuer Grenzen,
Mauern und Gräben, dinglicher denn je erscheint.

In diesem Sinne kann es kaum darum gehen, wie Flüchtende,
Migranten mobile Menschen ›richtig‹ dargestellt werden. Signifikationen erreichen nie ihren Gegenstand, den Referenten, die Signifikationsprozesse und Bilder der sozialen Imagination schaffen immer auch Lücken. Das Politische liegt dann in den Lücken der Bilder
der sozialen Imagination, in der Zäsur, die sie erlaubt. Das Politische
liegt dann auch im Widerstand, im Einspruch gegen die Ökonomie
und den Konformismus der Bilder, die sie beständig hervorbringt, es
liegt dann dort, wo die Figuren des Fremden als Feind, Opfer oder
Heros durchkreuzt und unterbrochen werden.

Quellen

ABBILDUNGEN

Abb. 1
Gemälde, Santuario Beata Vergine Maria di Porto Salvo, Lampedusa/hf

Abb. 2
Lampedusa, März 2011/hf

FILMOGRAPHIE

Gianfranco Rosi, 2016, *Fuocoammare*, 109 min., Documentario, distribuito da Rai Cinema, DVD. Zusätzliches Material: Pressekonferenz, 66. Int. Filmfestspiele, Berlin.

LITERATUR

Agamben, Giorgio (1995). *Homo sacer: Il potere sovrano e la nuda vita.* Torino: Einaudi.
Agamben, Giorgio (2005). Movement. Uni.Nomade. Seminar War and Democracy (transl. A. Bove). (https://quepuedeuncuerpo. files.wordpress.com/2014/06/movement_giorgio_agamben.pdf, 16.06.2017). (www.multitudes.net/Movement/, 10.01.2017).
Agamben, Giorgio (2015). *Stasis. La guerra civile come paradigma politico.* Homo Sacer II, 2. Torino: Bollati Boringhieri.
Aischylos (2016). *Die Schutzflehenden* (übers. J. G. Droysen). Berlin: Edition Holzinger.

Alternative für Deutschland (2015). Parteiprogramm der Alternative für Deutschland (2015). (https://correctiv.org/media/public/a6/ 8e/a68ed5e4-32a8-4184-8ade-5c19c37ff524/2016_02_23- grundsatzprogrammentwurf.pdf, 12.03.2016).

AMASS (o.D.). Broschüre (www.amass-project.eu/amassproject/file/ getFile/AMASS.pdf, 22.08.2016).

Ambrosini, Maurizio (2014). Irregular But Tolerated: Unauthorized Immigration, Elderly Care Recipients, and Invisible Welfare. *Migration Studies*, 3, 2:199-216. DOI: 10.1093/migration/mnu042.

Andrijasevic, Rutvica (2007). Beautiful Dead Bodies: Gender, Migration and Representation in Anti-Trafficking Campaigns. *Feminist Review* 86, 1: 24-44, DOI: 10.1057/palgrave.fr.9400355.

Angenendt, Arnold (2015). Die Geburt der christlichen Caritas. In: Christoph Stiegemann (Hg.). *Caritas. Nächstenliebe von den frühen Christen bis zur Gegenwart. Katalog zur Ausstellung im Erzbischöflichen Diozesanmuseum Paderborn*. Petersberg: Michael Imhof Verlag, 40-51.

Arendt, Hannah (1949). Es gibt nur ein einziges Menschenrecht. *Die Wandlung*, 4:754-770 (www.hannaharendt.net/index.php/han/ article/viewFile/154/273, 10.01.2017).

Arendt, Hannah (1994 [1943]). We Refugees. In: Marc Robinson (ed.). *Altogether Elsewhere. Writers on Exile*. Boston/London: Faber& Faber, 110-119.

Arendt, Hannah (1998). *Elemente und Ursprünge totaler Herrschaft. Antisemitismus, Imperialismus, totale Herrschaft*. München: Piper. (orig. *The Origins of Totalitarism*. New York: Schocken, 1951).

Arendt, Hannah (2000). Über die Revolution. München/Zürich: Piper (orig.: *On Revolution*. New York: Viking Press, 1963).

Aristoteles (1994/1982). *Poetik* (Griech./Deutsch, übers. und hg. von M. Fuhrmann). Stuttgart: Reclam.

Avanessian, Armen (2015). Diese Menschenschwärme. *Die Zeit*, 36, 3. September 2015 (www.zeit.de/2015/36/fluechtlinge-migration- kapitalismus-rassismus/komplettansicht, 19.09.2015).

Bahr, Hans-Dieter (1994). *Die Sprache des Gastes: Eine Metaethik*. Leipzig: Reclam.

Balibar, Etienne (1992): Gibt es einen ›Neo-Rassismus‹? In: Etienne Balibar/Immanuel Wallerstein. *Rasse, Klasse, Nation*. Berlin/ Hamburg: Argument-Verlag.

Balibar, Étienne (2006). *Strangers as Enemies. Further Reflections on the Aporias of Transnational Citizenship*. Lecture Delivered at

McMaster University on 16 March 2006 (http://globalization. mcmaster.ca/research/publications/working-papers/2006/ighc-wps_06-4_balibar.pdf, 16.06.2017).

Barthes, Roland (1986). *Die helle Kammer. Bemerkungen zur Photographie.* Frankfurt a.M.: Suhrkamp (orig. *La chambre claire. Note sur la photographie.* Paris: Éditions de l'étoile, Gallimard/Le Seuil, 1980).

Bauman, Zygmunt (1995). Making and Unmaking of Strangers. *Thesis Eleven*, 43, 1:1-16.

Bauman, Zygmunt (2002). The Fate of Humanity in the Post-Trinitarian World. *Journal of Human Rights*, 1, 3:283-303, DOI: 10.1080/14754830210156544.

Bauman, Zygmunt (2007). *Liquid Times. Living in an Age of Uncertainty.* Cambridge: Polity.

Behrens, Christoph (2013). Muster und Maschinen. *Süddeutsche Zeitung*, 09./10. März, Nr. 58, 24.

Benhabib, Seyla (2004). *The Rights of Others: Aliens, Residents and Citizens.* Cambridge: Cambridge University Press, DOI: 10.1017/ CBO9780511790799.

Benhabib, Seyla (2005). Borders, Boundaries, and Citizenship. *Political Science and Politics*, 38, 4:673-677, DOI: 10.1017/ S1049096505050328.

Benhabib, Seyla (2008). *Another Cosmopolitanism: Hospitality, Sovereignty and Democratic Iterations. Expanded Tanner Lectures with Commentaries by Jeremy Waldron, Bonnie Honig and Will Kymlicka.* Oxford: Oxford University Press.

Benveniste, Emil (1973). *Indo-European Languages and Society.* Coral Gables: University of Miami Press.

Berardi, Franco »Bifo« (2009). *Precarious Rhapsody. Semiocapitalism and the Pathologies of the Post-Alpha Generation.* London: Monorcompositions.

Berlinale (2016). Havarie. (https://www.berlinale.de/de/archiv/ jahresarchive/2016/02_programm_2016/02_Filmdatenblatt_ 2016_201605829.php#tab=video25, 03.10.2016).

Bernard, Hours (2011). Les ONG, outils de gouvernance global. *Multitudes*, 47 (www.multitudes.net/les-ong-outils-de-gouvernance/, 10.01.2017).

Bettio, Francesca/Simonazzi, Annamaria/Villa, Paola (2006). Change in Care Regimes and Female Migration: The ›Care Drain‹ in the Mediterranean. *Journal of European Social Policy*, 16, 3:271-285. DOI: 10.1177/0958928706065598.

BEWEGUNG (2016). Die politische BEWEGUNG – Aufruf an die Flüchtlings-Communities für ein Solidaritätsnetzwerk in Deutschland und Europa. Submitted by voice on Fri, 02/19/2016 (http://thevoiceforum.org/node/4104, 01.05.2016).

Bishop, Rebecca A./Morgan Charlie V./Erickson, Lance D. (2013). Public Awareness of Human Trafficking in Europe: How Concerned Are European Citizens? *Journal of Immigrant & Refugee Studies*, 11, 2:113-135. DOI: 10.1080/15562948.2013.759047.

Blangiardo, Gian Carlo (2012), *Gender and Migration in Southern and Eastern Mediterranean and Sub-Saharan African Countries*. Research Reports – Gender and Migration Series Demographic and Economic Module, CARIM-RR 2012/01 (http://cadmus.eui. eu/bitstream/handle/1814/20834/CARIM_RR_2012_01.pdf? sequence=1&isAllowed=y., 02.02.2016).

Böke, Karin (2000). Metaphern für die Immigration. In: Matthias Jung/Thomas Niehr/Karin Böke, *Ausländer im Spiegel der Presse. Ein diskurshistorisches Wörterbuch zur Einwanderung seit 1945*. Wiesbaden: Westdeutscher Verlag, 131-35.

Boltanski, Luc (1993). *La souffrance à distance. Morale humanitaire, médias et politique*. Paris: Métailié (engl. *Distant Suffering. Morality, Media and Politics*. Cambridge: Cambridge University Press, 1999).

Brague, Rémi (1993). *Europa. Eine exzentrische Identität* (übers. G. Ghirardelli). Frankfurt a.M.: Campus (orig. *Europe, la voie romaine*. Paris: Criterion, 1992).

Brague, Rémi (1999). *Europe, la voie romaine*. Paris: Gallimard.

Brown, Steven D. (2002). Michel Serres. Science, Translation and the Logic of the Parasite. *Theory, Culture & Society*, 19, 3:1-27, DOI; 10.1177/0263276402019003001.

Bundeswehr (2015). Seenotrettung: Geburt auf deutscher Fregatte (http://archive.is/fLbDb, 16.06.2017).

Bürkner, Hans-Joachim (2014). *Imaginaries: Post-Structuralist Readings of Bordering and Europeanization*. EUborderscapes, Working Paper 6. (www.euborderscapes.eu/fileadmin/user_upload/Working_ Papers/EUBORDERSCAPES_Working_Paper_6_Buerkner.pdf, 05.01.2017).

Butler, Judith (2004). *Precarious Life. The Power of Mourning and Violence*. London/New York: Verso.

Butler, Judith (2010). Raster des Krieges Warum wir nicht jedes Leid beklagen. Frankfurt a.M.: Campus (orig. *Frames of War. When Is Life Grievable?* London/New York: Verso, 2009).

Camarrone, Davide (2014). *Lampaduza*. Palermo: Sellerio.

Carens, Joseph H. (1987). Aliens and Citizens: The Case for Open Borders. *The Review of Politics*, 49, 2:251-273. DOI: 10.1017/S00346 70500033817.

Carens, Joseph H. (2011). The Rights of Irregular Migrants. *Ethics & International Affairs*, 22, 2:163-186. DOI: 10.1111/j.1747-7093. 2008.00141.x.

Carens, Joseph H. (2013). *Ethics of Immigration*. Oxford: Oxford University Press.

Cassee, Andreas (2016). *Globale Bewegungsfreiheit. Ein philosophisches Plädoyer für offene Grenzen*. Frankfurt a.M.: Suhrkamp.

Castoriadis, Cornelius (1987). *The Imaginary Institution of Society*. Cambridge, MA: Polity.

Castoriadis, Cornelius (1997 [1983]). The Greek *Polis* and the Creation of Democracy. *The Castoriadis Reader* (trans. D. Ames Curtis). Oxford: Blackwell Publishers, 267-289.

Castoriadis, Cornelius (1997a). Done and to be Done. *Castoriadis Reader*. Oxford/Malden: Blackwell, 361-417.

Catrambone, Christopher (2015). www.christophercatrambone.com/ biography/, 17.05.2015.

Catrambone, Christopher (2015a). www.christophercatrambone. com/about-tangiers-group/, 17.05.2015.

CGIL/Federazione Lavoratori Agro Industria (FLAI) (2014). *Scheda di sintesi del secondo rapporto* Agromafie e caporalato. (www.flai. it/wp-content/uploads/2015/07/Sintesi-rapporto_2014.pdf, 09.03.2016).

Chakrabarty, Dipesh (2000). *Provincializing Europe. Postcolonial Thought and Historical Difference*. Princeton: Princeton University Press.

Chiaguri, Enrico (2016). Ricordare tutto. Cortometraggio sulla tragedia dei migranti morti nel Mediterraneo. Enrico Chiarugi, 18.11.2016. (https://www.youtube.com/watch?v=x3QNYgwv5ag, 01.12.2016).

Chouliaraki, Lilie (2006). *The Spectatorship of Suffering*. London: Sage.

Chouliaraki, Lilie (2014). *Lo spettatore ironico. La solidarietà nell'epoca del post-umanitarismo* (a cura die Pierluigi Musarò). Udine: Mimesis.

Citton, Yves (ed.) (2014). *L'économie de l'attention. Nouvel horizon du capitalisme?* Paris: La Découverte.

Cordis (2016). Final Report Summary - SEABILLA (Sea Border Surveillance). (http://cordis.europa.eu/result/rcn/169320_de.html, 16.06.2017).

D'Orazio, Francesco (2015). Journey of an Image: from a Beach in Bodrum to Twenty Millon Screens Across the World. In: Farida Vis/Olga Goriunova (eds). *The Iconic Image on Social Media: A Rapid Research Response to the Death of Aylan Kurdi.* Visual Social Media Lab, 11-26 (http://visualsocialmedialab.org/projects/the-iconic-image-on-social-media, 03.09.2016).

De Genova, Nicholas (2013). Spectacles of Migrant ›Illegality‹: the Scene of Exclusion, the Obscene of Inclusion. *Ethnic and Racial Studies*, 36, 7: 1-19. DOI: 10.1080/01419870.2013.783710.

De Kerangal, Maylis (2015). *À ce stade de la nuit.* Paris: Gallimard.

Deleuze, Gilles (2004). Nomadic Thought. In: *Desert Islands and Other Texts 1953-1974.* New York: Semiotext(e), 252-262.

Derrida, Jacques (1985). Racism's Last Word. *Critical Inquiry*, 12:290-99, DOI: 10.1086/448331.

Derrida, Jacques (1992). *Das andere Kap. Die vertagte Demokratie. Zwei Esssays zu Europa* (übers. A. García Düttmann). Frankfurt a.M.: Suhrkamp (orig. *L'autre cap suivi de La démocratie ajournée.* Paris: Minuit, 1991).

Derrida, Jacques (2002). *Politik der Freundschaft* (übers. S. Lorenzer). Frankfurt a.M.: Suhrkamp (orig. *Politiques de l'amitié.* Paris: Galilée, 1994).

Derrida, Jacques/Dufourmantelle, Anne (1997). *De l'hospitalité.* Paris: Calmann-Lévy.

Di Benedetto, Giovanna (2015). Stories of Courage From Lampedusa. *Save the Children* (https://www.savethechildren.net/article/stories-courage-lampedusa, 12.03.2016).

do Mar Castro Varela, Maria/Dhawan, Nikita (2016). Die Migrantin retten!? Zum vertrackten Verhältnis von Geschlechtergewalt, Rassismus und Handlungsmacht. *Österreichische Zeitschrift für Soziologie*, (Suppl. 3) 41:13-28, DOI: 10.1007/s11614-016-0237-3.

DroneBlog (2015). Drones Rescuing Migrants in The Med | DroneBlog 17.05.2015 20:06, (http://gaslightbottles.co.uk/?page_id=74, 16.06.2017).

Eco, Umberto (2016 [1995]). Il fascismo eterno. In: *Cinque scritti morali.* Milano: Bompiani, 81-91.

Elia-Borer, Nadja/Sieber, Samuel/Tholen, Georg Christoph (Hg.) (2011). *Blickregime und Dispositive audiovisueller Medien.* Bielefeld: transcript, DOI: 10.14361/transcript.9783839417799.

Ellison, Ralph (2014). *Invisible Man*. London und New York: Penguin.

Elliott, Anthony (2012). New Individualist Configurations and the Social Imaginary: Castoriadis and Kristeva. *European Journal of Social Theory* 15, 3:349-365, DOI: 10.1177/1368431012440868.

Elster, Jon (1985). *Sour Grapes. Studies in the Subversion of Rationality.* Cambridge: Cambridge University Press, Paris: Editions de la Maison des Sciences de l'Homme.

European Students for Liberty (ESFL) (2015). http://esflc.org/2015/01/14/christopher-catrambone/, 17.05.2015.

Falk, Francesca (2010). Invasion, Infection, Invisibility: An Iconology of Illegalized Immigration. In: Christine Bischoff/Francesca Falk/Sylvia Kafehsy (eds). *Images of Illegalized Immigration. Towards a Critical Iconology of Politics.* Bielefeld: transcript, 83-100, DOI: 10.14361/transcript.9783839415375.83.

Famiglia Cristiana (2015). Mons. Galantino attacca la politica sugli immigrati: Salvini, Zaia e Grillo »Piazzisti di fanfaronate – *Famiglia Cristiana*, 12.08.15, (www.famigliacristiana.it/articolo/noi-e-gli-immigrati-nella-trincea-cattolica-dellaccoglienza.aspx, 12.08.2015).

Fanon, Frantz (1981). *Die Verdammten dieser Erde* (Vorwort von J.-P. Sartre). Frankfurt am Main: Suhrkamp (orig. *Les damnés de la terre*. Paris: F. Maspero Editeur, 1961).

Foschini, Giuliano (2015). Inchiesta agenzie del lavoro e tour operator. Qui si nascondono i nouvi caporali. *La Repubblica*, 21.08.2015, 10-11.

Foucault, Michel (1994 [1977]). Pouvoirs et stratégies. In: *Dits et écrits*, Vol. II, 1970-1975 (hg. D. Defert/F. Ewald). Paris: Gallimard, 418-428.

Foucault, Michel (2001). *In Verteidigung der Gesellschaft. Vorlesungen am Collège de France (1975-1976).* Frankfurt a.M.: Suhrkamp.

Foucault, Michel (2006). *Sicherheit, Territorium, Bevölkerung, Geschichte der Gouvernementalität I. Vorlesungen am Collège de France 1977-1978* (übers. C. Brede-Konersmann/J. Schröder). Frankfurt a.M.: Suhrkamp.

Franck, Georg (1998). *Ökonomie der Aufmerksamkeit: Ein Entwurf.* München: Carl Hanser.

Friese, Heidrun (1996). *Lampedusa. Historische Anthropologie einer Insel.* Frankfurt a.M. und New York: Campus.

Friese, Heidrun (2001). Imagination, History of the Concept. In: *International Encyclopedia of the Social and Behavioral Sciences* (hg. von Neil Smelser/Paul Baltes). Oxford: Pergamon, 7197-201, DOI: 10.1016/B0-08-043076-7/00124-8.

Friese, Heidrun (2003). Der Gast. Zum Verhältnis von Ethnologie und Philosophie. *Deutsche Zeitschrift für Philosophie*, 2:311-23.

Friese, Heidrun (2006). Europe's Otherness. Cosmopolitism and the Construction of Cultural Unities. In: Gerard Delanty (ed.), *Europe and Asia Beyond East and West: Towards a New Cosmopolitanism.* London: Routledge, 241-56.

Friese, Heidrun (2012a). »Y'al babour, y'a mon amour.« Raï-Rap und undokumentierte Mobilität. In: M. Dietrich/M. Seeliger (Hg.) *Deutscher Gangsta-Rap. Sozial- und kulturwissenschaftliche Beiträge zu einem Pop-Phänomen.* Bielefeld: transcript, 231-84.

Friese, Heidrun (2012b). Border Economies. Lampedusa and the Nascent Migration Industry. In: Alison Mountz and Linda Briskman (eds.) *Shima: The International Journal of Research Into Island Cultures,* Special issue on Detention Islands, 6, 2:66-84.

Friese, Heidrun (2014). *Grenzen der Gastfreundschaft. Die Bootsflüchtlinge von Lampedusa und die europäische Frage.* Bielefeld: transcript.

Friese, Heidrun/Mezzadra, Sandro (2010). Introduction. Special Issue *European Journal of Social Theory*, 13, 3:299-313, DOI: 10.1177/1368431010371745.

Gammeltoft-Hansen, Thomas/Nyberg-Sorensen, Ninna (eds) (2013). *The Migration Industry and the Commercialization of International Migration.* Anington: Routledge.

Gan, Vicky (2015). America's Failure to Preserve Historic Slave Markets. Richmond, Virginia's Shockoe Bottom Redevelopment Plan is Just the Latest Case Study. Atlantic City Lab (www.citylab. com/politics/2015/02/americas-failure-to-preserve-historic-slave-markets/385367/, 30.08.2016).

Garelli, Glenda/Tazzioli, Martina (2013). Challenging the Discipline of Migration: Militant Research in Migration Studies, An Introduction. *Postcolonial Studies*, 16, 3:245-249, DOI: 10.1080/13688790.2013.850041.

Gigliolo, Daniele (2016). *Die Opferfalle. Wie die Vergangenheit die Zukunft fesselt.* Berlin: Matthes & Seitz (orig. *Critica della vittima.* Roma: nottetempo, 2014).

Gilroy, Paul (1993). *The Black Atlantic: Modernity and Double Consciousness.* London and New York: Verso.

Girard, René (1990). *La violence et le sacré.* Paris: Hachette.

Goethe, Johann Wolfgang von (1998). Wilhelm Meisters Lehrjahre. *Werke (Hamburger Ausgabe)*, Band 7. Romane und Novellen. München: DTV.

Gray, Breda (2016). Beyond ›Migration Studies‹: Locating Human Mobility in the Context of Social Struggle and Change. *Österreichische Zeitschrift für Soziologie*, 41, 2:37-54, DOI: 10.1007/s11614-016-0230-x.

Grimm, Jacob/Grimm, Wilhelm (1971). *Deutsches Wörterbuch*. 16 Bde. in 32 Teilbänden. Leipzig 1854-1961. Quellenverzeichnis, Leipzig (http://woerterbuchnetz.de/cgi-bin/WBNetz/genFOplus. tcl?sigle=DWB&lemid=GK14426, 11.03.2016).

Gualtieri, Andrea (2016). Calabria, la cooperativa di Libera: »Stipendi equi e formazione: con gli immigrati vinceremo la 'ndrangheta.« 23.04.2016, *La Repubblica* (http://www.repubblica. it/solidarieta/2016/04/23/news/calabria_la_cooperativa_di_ libera_stipendi_equi_e_formazione_con_gli_immigrati_ vinceremo_la_ndrangheta_-138235703/, 16.06.2017).

Hahn, Thomas (2015). Sea Watch – Logbuch einer beklemmenden Mission. *Süddeutsche Zeitung* (www.sueddeutsche.de/politik/ hilfsaktion-fuer-fluechtlinge-logbuch-einer-beklemmenden-mission-1.2560887, 12.07.2015).

Hall, Stuart (1996). What is This ›Black‹ in Black Popular Culture? In: David Morley/Kuan-Hsing Chen (eds) *Stuart Hall. Critical Dialogues in Cultural Studies*. London: Routledge, 468-478.

Hall, Stuart (2002). Wann gab es ›das Postkoloniale‹? Denken an der Grenze. In: Sebastian Conrad/Shalini Randeria (Hg.), *Jenseits des Eurozentrismus. Postkoloniale Perspekiven in den Geschichts- und Kulturwissenschaften*. Frankfurt a.M.: Campus, 219-47.

Hildebrandt, Antje (2015). Die Wut nach dem Tod der Flüchtlinge. *Die Welt*. Online 21.04.2015, (www.welt.de/vermischtes/article 139890612/Die-Wut-nach-dem-Tod-der-Fluechtlinge.html, 27.08.2016).

Hoffmann, Felix (2017). *Zur Normalität illegaler Migration in Europa – Akteure auf dem agrarindustriellen Legalisierungsmarkt von Almería – Eine Ethnographie*. Bielefeld: transcript

Homer (2008). *Odyssee* (übers. von H. Voss). Frankfurt am Main: Fischer.

Honig, Bonnie (2001). *Democracy and the Foreigner*. Princeton: Princeton University Press, DOI: 10.1515/9781400824816.

Horkheimer, Max/Adorno, Theodor W, (1977 [1947]). Dialektik der Aufklärung. Philosophische Fragmente. In: *Gesammelte Schriften*, Vol. 3 (hg. von R. Tiedemann). Frankfurt a.m.: Suhrkamp.

Isin, Engin F. (2009). Citizenship in Flux: The Figure of the Activist Citizen. *Subjectivity*, 29:367-388, DOI: 10.1057/sub.2009.25.

Isin, Engin F./Turner, Brian (2007). Investigating Citizenship: An Agenda for Citizenship Studies. *Citizenship Studies*,11, 1:5-17, DOI: 10.1080/13621020601099773.

Jelinek, Elfriede (2013). *Die Schutzbefohlenen* (http://www.elfriedeje linek.com, 19.10.2014).

Jongen, Marc (2016). »Man macht sich zum Knecht.« Gespräch mit Jens Jessen/Ijoma Mangold, *Zeit Online*, 09.06.2016, (www.zeit. de/2016/23/marc-jongen-afd-karlsruhe-philosophie-asylpolitik, 09.06.2016).

Laviosa, Flavia (ed.) (2010). *Visions of Struggle in Women's Filmmaking in the Mediterranean*. New York: Palgrave.

Lentin, Alana (2011). Racism in a post-racial Europe. *Eurozine* (http://www.eurozine.com/articles/2011-11-24-lentin-en.html, 22.05.2014).

Lobenstein, Caterina (2016). Er hört, wie sie schreien, er sieht, wie sie zittern, er riecht, wie sie stinken. *Zeit-Online*, 21.04.2016 (www. zeit.de/2016/16/fluechtlingshilfe-fluechtlinge-italien-libyen-mittelmeer-kapitaen-rettung, 21.04.2016).

Malik, Kenan (1996). *The Meaning of Race. Race, History and Culture in Western Society*. New York: New York University Press.

Malik, Kenan (2013). *Multiculturalism and Its Discontents*. London/New York/Calcutta: Seagull Books, DOI: 10.1007/978-1-349-24770-7.

Mangano, Antonello (2010). *Gli africani salveranno l'Italia*. Milano: BUR.

Mbembé, Joseph-Achille (2003). Necropolitics. *Public Culture*, 15, 1:11-40, DOI: 10.1215/08992363-15-1-11.

Menke, Christoph (2016). Zurück zu Hannah Arendt – die Flüchtlinge und die Krise der Menschenrechte. *Merkur 70* (volltext.merkur-zeitschrift.de, 26.12.2016).

Mesnard, Philippe (2004). *Attualità della vittima. La rappresentazione umanitaria della sofferenza*. Verona: ombre corte.

Mezzadra, Sandro (2004a). Capitalismo, migrazioni e lotte sociali. *Multitudes*, 19 (www.multitudes.net/Capitalismo-migrazioni-e-lotte/, 10.01.2017).

Mezzadra, Sandro (2004b). The Right to Escape. *Ephemera*, 4,4:267-275. (www.copenhagenfreeuniversity.dk/mirror/righttoescape.pdf, 10.01.2017).

Mezzadra, Sandro (2007). Kapitalismus, Migration und soziale Kämpfe. Vorbemerkungen zu einer Theorie der Autonomie der Migration. In: Thomas Atzert/Serhat Karakayali/Marianne Piper/Vassilis Tsisanos (Hg.). *Empire und die biopolitische Wende*. Frankfurt a.M.: Campus, 179-193.

Mezzadra, Sandro (2010). Autonomie der Migration – Kritik und Ausblick. Eine Zwischenbilanz. *Grundrisse* (www.grundrisse.net/grundrisse34/Autonomie_der_Migration.htm, 11.09.2012).

Mezzadra, Sandro (2010a). The Gaze of Autonomy. Capitalism, Migration and Social Struggles (www.uninomade.org/the-gaze-of-autonomy-capitalism-migration-and-social-struggles/, 23.08.2016). Auch in: Vicky Squire (Hg.) (2011), *Contesting the Securitization of Migration: Borderzones and Irregularity*. London: Routledge, 121-142.

Mezzadra, Sandro (2011). Kapitalismus, Migrationen, Soziale Kämpfe. In: Marianne Pieper/Thomas Atzert/Serhat Karakayali/Vassilis Tsianos, (Hg.). *Biopolitik in der Debatte*. Springer. Wiesbaden: VS Verlag für Sozialwissenschaften/Springer, 181-196.

Mitropoulos, Angela (2003). Autonomy, Recognition, Movement. *The Commoner*, 11: 5-14.

Morin, Edgar (1988). *Europa Denken* (übers. L. Gränz). Frankfurt a.M. und New York: Campus (orig. *Penser l'Europe*. Paris: Gallimard, 1987).

Mouffe, Chantal (2007). *Über das Politische. Wider die kosmopolitische Illusion* (übers. N. Neumeier). Frankfurt a.M.: Suhrkamp.

Mouffe, Chantal (2013). *Das demokratische Paradox* (übers. O. Marchart). Wien/Berlin: Turia & Kant.

Movement (2015). Movement 1: 23 und 37, http://cargocollective.com/Movementmagazine/, 12.08.2015.

Münkler, Herfried (2007). Heroische und postheroische Gesellschaften. *Merkur* 61: 742-752.

Musarò, Pierluigi/Parmiggiani, Paola (a cura di) (2014). *Media e migrazioni. Etica, estetica e politica del discorso umanitario*. Milano: Franco Angeli.

Nyers, Peter (2015). Migrant Citizenships and Autonomous Mobilities. *Migration, Mobility, & Displacement*, 1, 1: 23-39.

Organisation for Better Security (OBS) (2015). www.obs.com.mt/, 17.05.2015.

Ott, Konrad (2016). *Zuwanderung und Moral*. Stuttgart: Reclam.

Papadopoulos, Dimitris/Tsianos, Vassilis (2008). Die Autonomie der Migration. Die Tiere der undokumentierten Mobilität. *Translate* (http://translate.eipcp.net/strands/02/papadopoulostsianos-strandso1en?lid=papadopoulostsianos-strandso1de, 22.08.2013).

Papadopoulos, Dimitris/Stephenson, Niamh/Tsianos, Vassilis (2008). *Escape Routes. Control and Subversion in the 21th Century*. London/ Ann Arbor: Pluto Press.

Port, Ulrich (2005). *Pathosformeln: die Tragödie und die Geschichte exaltierter Affekte (1755-1888)*. München: Wilhelm Fink Verlag.

Prashad, Vijay (2002). Mother Teresa as the Mirror of Bourgeois Guilt. In: Samina Najmi/Rajini Srikanth (eds.), *White Women in Racialized Spaces: Imaginative Transformation and Ethical Action in Literature*. Albany: SUNY Press, 67-86.

Prosa, Lina (2013). *Trilogia del naufragio. Lampedusa Beach. Lampedusa Snow. Lampedusa Way*. Spoleto: Editoria & Spettacolo.

Purroi, Daniel (2016). http://dpurroy.wix.com/projets, 28.12.2016.

Radio Vatican (2016). L'omelia del Papa a Lampedusa: ho sentito che dovevo venire qui a pregare, per risvegliare le coscienze (http:// it.radiovaticana.va/storico/2013/07/08/lomelia_del_papa_a_ lampedusa_ho_sentito_che_dovevo_venire_qui_/it1-708481, 02.03.2016).

Rancière, Jacques (2014). *Das Unvernehmen. Politik und Philosophie*. Frankfurt a.M.: Suhrkamp.

Rapoport, Hillel (2015). How a Tradable Refugee-Admission Quota System (With Matching) Could Help Solve the EU's Migration Crisis (https://blogs.eui.eu/migrationpolicycentre/how-a-tradable-refugee...ystem-with-matching-could-help-solve-the-eus-migration-crisis-1/, 10.07.2015).

Repubblica (2015). Nuovi sbarchi e salvataggi: a Messina 328 migranti, altri 500 soccorsi nel Canale di Sicilia. Trenta siriani sbarcati in Salento – Repubblica.it, (http://palermo.repubblica. it/cronaca/2015/05/06/news/nuovi_sbarchi_e_salvataggi_a_ messina_328_migranti-113656286/, 16.06.2017).

Rijnierse, Erna (2016). Mittelmeer: »Diese Menschen sind einen qualvollen Tod gestorben« – Bericht unserer Ärztin Erna Rijnierse, 28.07.2016 (https://www.aerzte-ohne-grenzen.de/mittelmeer-fluechtlinge-22-todesopfer, 29.08.2016).

Robert Evans, Robert Jr. (1962). *The Economics of American Negro Slavery 1830-1860.* Princeton: Princeton University Press (www.nber. org/chapters/c0606, 15.08.2016).

Rorty, Richard (1998). Human Rights, Rationality, and Sentimentality. In: *Truth and Progress: Philosophical Papers,* Vol. 3. Cambridge: Cambridge University Press, 167-185, DOI: 10.1017/CBO9780511 625404.010.

Rygiel, Kim (2011). Bordering Solidarities: Migrant Activism and the Politics of Movement and Camps in Calais. *Citizenship Studies,* 15, 1:1-19, DOI: 10.1080/13621025.2011.534911.

Said, Edward W. (2003 [1978]). *Orientalism. Western Conceptions of the Orient.* London: Penguin.

Salecl, Renata (1994). *Politik des Phantasmas. Nationalismus, Feminismus und Psychoanalyse.* Wien: Turia & Kant.

Salecl, Renata (2004). *On Anxiety. Thinking in Action.* London: Routledge.

Save the Children (2011). Bilancio al 31 Dicembre 2011. (http://images. savethechildren.it/f/download/bilancio/20/2011_bilancio.pdf, 04.10.2012).

Scheel, Stephan (2013). Autonomy of Migration Despite Its Securitisation? Facing the Terms and Conditions of Biometric Rebordering. *Millennium: Journal of International Studies,* 41, 3: 575-600, DOI: 10.1177/0305829813484186.

Scheel, Stephan (2013a). Studying Embodied Encounters: Autonomy of Migration Beyond its Romanticization. *Postcolonial Studies,* 16, 3: 279-288, DOI: 10.1080/13688790.2013.850046.

Schmitt, Carl (1933). *Staat, Bewegung, Volk. Die Dreigliederung der politischen Einheit.* Hamburg: Hanseatische Verlagsanstalt.

Schmitt, Carl (1985 [1922]). *Politische Theologie. Vier Kapitel zur Lehre von der Souveränität.* Berlin: Duncker & Humblot.

Sen, Amartya K. (1999). Rationale Trottel: eine Kritik der behavioristischen Grundlagen der Wirtschaftstheorie. In: Stefan Gosepath (Hg.), *Motive, Gründe, Zwecke. Theorien praktischer Rationalität.* Frankfurt a.M.: Fischer, 76-102.

Serres, Michel (1982). *The Parasite* (trans. L. R. Schehr). Baltimore: Johns Hopkins University Press.

Sharma, Nandita (2005). Anti-Trafficking Rhetoric in the Making of Global Apartheit. *Nationals Women's Studies Association,* 17, 3: 88-122.

Shukaitis, Stevphen/Graeber, David/Biddle, Erika (eds) (2007). *Constituent Imagination. Militant Investigations//Collective Theorization.* Oakland: Ak Press.

Simmel, Georg (1992 [1908]). Exkurs über den Fremden. In: *Soziologie. Untersuchung über die Formen der Vergesellschaftung* (hg. O. Rammstedt). Frankfurt a.M.: Suhrkamp, 764-771.

Sontag, Susan (2003). *Regarding the Pain of Others.* New York: Picador (http://monoskop.org/images/a/a6/Sontag_Susan_2003_Regarding_the_Pain_of_Others.pdf, 30.12.2014).

Sontag, Susan (2005 [1973]). *On Photography.* Electronic edition, New York: Rosetta Books.

SOS Mediterranee (2016). Logbucheintrag #25. http://sosmediterranee.org/logbucheintrag-25-volle-fahrt-voraus/26.8.2016.

Squire, Vicki (ed.) (2011). The Contested Politics of Mobility. Politicizing Mobility, Mobilizing Politics. In: *The Contested Politics of Mobility: Borderzones and Irregularity.* London: Routledge, 1-25.

Der Standard (2009). http://derstandard.at/1254310937310/Kapitaler hoehung-Schiebel-geht-das-Geld-aus, 30.03.2017.

Stephan, Julia (2014). »Durch die Linse einer seekranken Kamera« (www.kulturkritik.ch/2014/shipwreck-von-morgan-knibbe, 16.11.2016).

Strauss, Leo (1975). The Three Waves of Modernity. In: Hilael Gildin (ed.) *Political Philosophy: Six Essays by Leo Strauss.* Indianapolis. Pegasus.

Tandem (2015). Tandem, Cultural Managers Exchange Europe – Arab Region, gesponsert u.s. von der *European Cultural Foundation* und der *Robert-Bosch Stiftung* (https://www.youtube.com/watch?v=72pFxZYiQaU, 10.06.2015).

Taussig, Michael (1987). *Shamanism, Colonialism, and the Wild Man. A Study in Terror and Healing.* Chicago: University of Chicago Press, DOI: 10.7208/chicago/9780226790114.001.0001.

Théâtre Senza (2014). www.theatre-senza.com, https://vimeo.com/147850215/ und www.terrafirmadocs.com/https://vimeo.com/77429720, 26.08.2016.

Toffler, Alvin (1980). *The Third Wave.* New York: William Morrow & Company.

Tremlett, Giles (2015). The Millionaire Who Rescues Migrants at Sea. *The Guardian* (https://www.theguardian.com/news/2015/jul/08/millionaire-who-rescues-migrants-at-sea, 28.08.2016).

Trimikliniotis, Nicos/Parsanoglou, Dimitris/Tsianos, Vassilis S. (2015). Mobile Commons and/in Precarious Spaces: Mapping Migrant Struggles and Social Resistance. *Critical Sociology*, 1-15. DOI: 10.1177/0896920515614983.

UNHCR (2015). *Global Trends. Forces Displacement in 2015.* (www. unhcr.org/576408cd7, 02.08.2016).

Vijeyarasa, Ramona (2015). *Sex, Slavery and the Trafficked Woman: Myths and Misconceptions about Trafficking and It's Victims.* Farnham: Ashgate,

Vis, Farida/Goriunova, Olga (eds) (2015). *The Iconic Image on Social Media: A Rapid Research Response to the Death of Aylan Kurdi.* Visual Social Media Lab (http://visualsocialmedialab.org/projects/the-iconic-image-on-social-media, 03.09.2016).

Waldenfels, Bernhard (1990). *Der Stachel des Fremden.* Frankfurt a.M.: Suhrkamp.

Wilcke, Holger/Lambert, Laura (2015). Die Politik des O-Platzes. (Un-)Sichtbare Kämpfe einer Geflüchtetenbewegung. Movements, 1, 2 (http://movements-journal.org/issues/02.kaempfe/06.wilcke,lambert--oplatz-kämpfe-geflüchtete-bewegung.html, 23.08.2016).

Williamson, Samuel H./Cain, Louis P. (2016). *Measuring Slavery in 2016 Dollars.* Measuring Worth (https://www.measuringworth.com/slavery.php, 31.08.2016).

Wolfe, Lauren (2015). *The Missing Women of the Mediterranean Refugee Crisis.* WMC's Women Under Siege (www.womenundersiege project.org/blog/entry/missing-women-of-the-mediterranean-refugee-crisis, 02.05.2016).

Die Zeit (2016). *Zeit Online* vom 23.08.2016 (www.zeit.de/politik/ausland/2016-08/dreiergipfel-neapel-angela-merkel-francois-hollande-matteo-renzi, 23.08.2016).

Zentrum für Politische Schönheit (2016). (https://www.facebook.com/politische.schoenheit/likes?ref=page_internal, 26.08.2016).

Zofolli, Damiano (2016). 02.11.2016 (https://www.facebook.com/Sansaviniarte/, 18.11.2016).

Anmerkungen

1 | Nachzulesen bei Foschini (2015: 10-11) und zu vertiefen im Bericht der CGIL/Flai (2014).

2 | Auf die »Zweitrangigkeit«, die »Exzentrizität« Europas im Hinblick auf das vermischte griechische, römische, jüdische und arabische Erbe wird im zweiten Abschnitt kurz zurückzukommen sein, siehe Brague (1999), Chakrabarty (2000), Friese (2006).

3 | Den Begriff (National-)Populismus verstehe ich hier im Sinne Umberto Ecos (2016[1995]: 81-91) und der treffenden Kennzeichnung des »Urfaschismus«. Erstes Merkmal ist demnach ein »Traditionskult«, der mit der »Ablehnung der Moderne« einhergeht, sich gegen den Kapitalismus wendet, aber im Grunde die Aufklärung meint. Er beinhaltet den »Kult der Aktion um der Aktion willen« und lehnt sich auf gegen »kritischen Geist«, den er mit »Verrat« gleichsetzt. »Meinungsverschiedenheiten« als Zeichen von »Vielfalt« werden nicht geduldet und daher richtet sich »der erste Appell [...] gegen Eindringlinge. So ist der Urfaschismus qua Definition rassistisch.« Er appelliert an die »frustrierte Mittelklasse«, diejenigen, »die sich einer ausgeprägten sozialen Identität beraubt fühlen« und ihnen spricht der Urfaschismus »als einziges Privileg das häufigste zu: im selben Land geboren zu sein. Dies ist der Ursprung des Nationalismus [...]. Außerdem bezieht eine Nation ihre Identität nur aus ihren Feinden. Daher liegt an der Wurzel der urfaschistischen Psychologie die Obsession einer Verschwörung, am besten einer internationalen Verschwörung. Die Anhänger müssen sich belagert fühlen. Am leichtesten läßt sich dieser Verschwörung mit einem Appell an den Fremdenhaß begegnen.« Die Anhänger fühlen sich »vom offensichtlichen Reichtum und der Macht ihrer Feinde gedemütigt.« So gibt es im Urfaschismus »keinen Kampf ums Überleben – das Leben ist nur um des Kampfes willen da. Pazifismus ist daher Kollaboration mit dem Feind.« Zugleich zeichnet er sich durch ein »allgemeines Eliteempfinden« insofern aus, als jeder »Bürger [...] dem besten Volke der Welt« angehört. In einer solchen »Ideologie ist Heldentum die Norm« und der »Urfaschist« überträgt seinen Willen zur Macht auf die Sexualität, zu ihm gehört »Frauenverachtung« und »gewalt-tätige Intoleranz« gegenüber »Homosexualität«. »Der Urfaschismus gründet sich auf einen selektiven Populismus, einen sozusagen qualitativen Populis-mus. In einer Demokratie haben die Bürger individuelle Rechte, aber in ihrer Gesamtheit besitzen sie politischen Einfluß nur unter einem quantitativen Gesichtspunkt – man folgt den Entscheidungen der Mehrheit. Für den Urfa-schismus jedoch haben Individuen als Individuen keinerlei Rechte, das Volk dagegen wird als eine Qualität begriffen, als monolithische Einheit, die den Willen aller zum Ausdruck bringt. Da eine große Menschenmenge keinen ge-meinsamen Willen besitzen kann, präsentiert sich der Führer als Deuter. Da sie ihre Delegationsmacht verloren haben, handeln die Bürger nicht mehr; sie werden lediglich zusammengerufen, um die Rolle des Volkes zu spielen. Daher ist das Volk nichts als eine theatralische Fiktion. Für ein gutes Beispiel des qualitativen Populismus bedürfen wir nicht länger der Piazza Venezia in Rom oder des Nürnberger Parteitagsgeländes. In der Zukunft erwartet uns ein TV- oder Internet-Populismus, in dem die emotionale Reaktion einer ausgewählten Gruppe von Bürgern als Stimme des Volkes dargestellt und akzeptiert werden kann. Aufgrund seines qualitativen Populismus muß der Urfaschismus gegen ›verrottete‹ parlamentarische Regierungen eingestellt sein. Wo immer ein Politiker die Legitimität eines Parlaments in Zweifel zieht, weil es den Willen des Volkes nicht mehr zum Ausdruck bringe, riecht es nach Urfaschismus.« Schließlich bedient er sich »eines verarmten Vokabulars und einer elementaren Syntax, um die Instrumente komplexen und kritischen Denkens im Keim zu ersticken.«

4 | So im Original. Sabrina E. am 19.07.2015 als Antwort auf ein Posting des Greizer Stadtrats der NPD, David K. (David K. – Handy-Uploads | Fa-cebook, https://www.facebook.com/photo.php?fbid=15965992939475... omments=30&comment_tracking= %7B %22tn %22 %3A %22R9 %22 %7D, 12.08.2015. Das Profil »Sabrina E.« war zu finden unter https://www.face-book.com/moni.bohne.39?fref=hovercard, 12.08.2015. Die Seiten sind mittlerweile entfernt worden, jedoch als Screenshot gesichert (HF).

5 | Ich entlehne den Begriff Cornelius Castoriadis (1987), ohne damit je-doch sein Theoriegebäude übernehmen zu wollen.

6 | »On the one hand« so Bürkner (2014), »imaginaries are produced and distributed by means of power; on the other hand, imaginaries serve as points of reference that legitimize the accumulation and usage of power. Both functions are usually accepted by social agents, regardless if they are capable of influencing them or not.«

7 | The Migrants Files (www.themigrantsfiles.com, 20.01.2016). Im Jahr 2015 starben nach Angaben des UNHCR im Mittelmeer 3.770 Menschen oder wurden vermisst (UNCHR 2015: 32). Im Jahr 2016 fanden dort 5.143 Menschen den Tod. Das sind täglich fast 14 Tote (https://missingmigrants. iom.int/mediterranean, 16.06.2017). 2015 kamen 1.015.078 Flüchtende über das Mittelmeer, 850.000 davon über die Ägäis. Nach Angaben des italienischen Innenministeriums erreichten im Jahr 2016 insgesamt 181.436 Menschen Italien auf dem Meerweg (www.libertaciviliimmigrazione.dlci. interno.gov.it/sites/default/files/allegati/cruscotto_statistico_giornaliero_ 31_dicembre.pdf, 13.01.2017).

8 | Die Legende will, dass Anfossi 1602 aus Dank für himmlische Rettung in Castelaro Ligure eine Kapelle (*Santuario di Nostra Signora di Lampedusa*) stiftete. Die Grotten und ihre einstige Nutzung sind aus der lokalen Erinnerung nicht verschwunden. Historisch war Lampedusa ein Zufluchtsort für Piraten und Freibeuter, entkommene Sklaven und Schiffbrüchige. »Es gibt«, so der Bericht aus dem 17. Jahrhundert, »auf Lampedusa eine Höhle, deren Eingang zu ebener Erde liegt. Dort befindet sich ein Bild Unserer Lieben Frau mit dem Jesuskind auf dem Arm, auf Leinwand gemalt und auf ein uraltes Brett aufgenagelt, dieses Bild tut zahlreiche Wunder. In dieser Höhle hat die Heilige Jungfrau ihren Altar. Darauf steht ihr Bild und überdies Zwieback, Käse, Öl, Speck, Wein und auch Geld; dies sind von Christen dargebrachte Weihgaben. Am anderen Ende der Höhle ist ein Grab; hier soll ein türkischer Marabut bestattet sein; einer von ihren Heiligen, wie sie behaupten. Bei diesem Grab liegen ungefähr dieselben Opfergaben über die noch ein Haufen von türckischen Gewändern geworfen ist [...], nur Speck fehlt hier. Diese Almosen werden von Christen und Türken niedergelegt für den Fall, dass ein Sklave dorthin flieht. Auf diese Weise findet er dort zu essen, bis ein Schiff seiner Nation eintrifft und ihn mitnimmt, je nachdem er Christ oder Türke ist. Das haben wir selber gesehen, denn von Bord der Galeeren des Ordens waren einige Mauren entlaufen und hielten sich in der Höhle versteckt, bis ein Schiff der Ihrigen vorüberkäme [...] Aber wohlgemerkt, weder der Flüchtling noch irgendeiner von der Schiffsmannschaft würde es wagen, auch nur einer Stecknadel Wert aus der Höhle zu entwenden, sonst wäre es seinem Schiff unmöglich, aus dem Hafen zu fahren [...]. Das Bild der Jungfrau gestattet keinem Schiff, welcher Nation es auch sei, etwas von diesen reichen Gaben zu entführen, außer den Galeeren von Malta« (De Contreras, zit. n. Friese 1996: 62-63).

9 | Denk- und Mahnmale gibt es auf der Insel beinahe an jeder Ecke. Neben dem Gedenken, das Lampedusa seinen Gefallenen widmet, neben der Erinnerung an die Besiedelung der Insel im September 1843 wacht die

Statue der heiligen Jungfrau Maria di Porto Salvo am Hafen über die Sicherheit der Seeleute. Daneben erinnert Mimmo Paladinos *Porta d'Europa*, ein vor dem Rathaus platziertes tunesisches Fischerboot, das kleine Migrationsmuseum der Vereinigung *Askavusa* und eine Plastik am Hafen an die Menschen, die sich nach Europa aufgemacht haben: Es scheint, als solle die Insel beständig an eine Gegenwart und das erinnert werden, wovon sie ein Teil geworden ist. Zugleich weist die Monumentalisierung auf eine Veränderung der Gedenk- und Gedächtniskultur. Jedes Unglück fordert mittlerweile ein Denkmal, einen komemorativen Ort, Inskription des Todes, den man doch aus seiner Nähe verbannt hat. Mit jedem Unglück feiert man auch das unschuldige Opfer, als das man sich selbst sieht und zu dem man jederzeit werden kann.

10 | Eine zentrale Konfliktlinie auf der Insel ist an die Fischerei gebunden, früher der wichtigste Wirtschaftszweig des Ortes. Das Mittelmeer ist dramatisch überfischt. Während die lokalen Fischer einst vor den Küsten Tunesiens kreuzten, so nutzen mittlerweile tunesische Fischer die lokalen Fanggründe, was zu massiven Auseinandersetzungen führt. Die Fischer auf Lampedusa beklagen, dass die Verletzung der nationalen Hoheitsgewässer durch ihre tunesischen Konkurrenten von den Behörden nicht geahndet wird (Friese 2014: 152-160).

11 | Eine Diskussion der Begriffe *empty signifier* oder *floating signifier* und deren unterschiedlichen theoretischen Bedeutungen von Claude Lévi-Strauss zu Roland Barthes, Jean Baudrillard, Ernesto Laclau und Jacques Derrida soll hier nicht geleistet werden, auch sind die Unterscheidungen zwischen *master signifier* und *hegemonic signifier* bei Slavoj Žižek und Ernesto Laclau an dieser Stelle nicht bedeutsam.

12 | Zu den Beziehungen zwischen Mobilität, »Ästhetik, Ethik und Politik«, vgl. besonders Musarò/Parmiggiani (2014).

13 | »A M B A S S A D O R – the limited edition. Durch die Verbindung der Flüchtlingsdebatte mit dem bahnbrechenden Designkonzept von Enzo Mari, eröffnen sich neue Gestaltungsmöglichkeiten – der Botschafter Stuhl ist entstanden. Gefertigt aus Kiefernholz und integrierten Holzelementen von *in Lampedusa angekommenen Flüchtlingsschiffen*, sind die Botschafter Stühle Vermittler. Sie erzählen die Geschichte der Trainees, laden ein sich hinzusetzen, nachzudenken und zuzuhören« (http://cuculashop.tictail.com/product/botschafter, vorh. als pdf, 3.10.2016, Herv. HF). Nur der ›authentischen‹ Schiffsplanke ist eine zweifache Botschaft mitgegeben, nur diese Planke vermittelt etwas, das ausserhalb ihrer selbst liegt. Wie das Gemälde von Hans Holbein d.J. (1533) verweist sie dann einmal auf die *Gesandten*, auf die über das Meer zu uns Gekommenen, zum anderen künden sie von

Tod und Unheil und erweisen sich als dann wiederum als authentisch. Wie erst der zweite Blick auf Holbeins Gemälde, eine verschobene Perspektive einen Totenschädel erkennen lässt, so kann der Stuhl als »eine Art Anamorphose gelesen werden, vielleicht auch als ein Vexierbild, das zwischen der euphorischen und der dysphorischen Lesart, zwischen der Brückenfunktion des Gesandten und der Kunde vom Tod, zwischen gelungenem Entkommen und mißlungenem Ankommen, hin und her kippt.« (Diese Lesart verdanke ich Frau Prof. Barbara Kuhn, Eichstätt; persönliche Mitteilung). Noch unabhängig davon sind die Boote Teil eines informellen Marktes, werden teure Schiffsschrauben abmontiert und vor Ort vermutet man einen blühenden Handel mit den Außenbordern. Um Teile der beschlagnahmten Boote abzutransportieren, bedarf es einer Sondergenehmigung. Die Ökonomie des Schiffsfriedhofes habe ich an anderer Stelle dargestellt (Friese 2012b: 75).

14 | Der Tragödiensatz der aristotelischen Poetik lautet bekanntlich: »Die Tragödie ist Nachahmung einer guten und in sich geschlossenen Handlung von bestimmter Größe, in anziehend geformter Sprache, wobei diese formenden Mittel in den einzelnen Abschnitten je verschieden angewandt werden – Nachahmung von Handelnden und nicht durch Bericht, die Jammer und Schaudern hervorruft und hierdurch eine Reinigung von derartigen Erregungszuständen bewirkt« (Aristoteles 1994/1982, 1449b 24-28). Es kann an dieser Stelle nicht um eine genaue Begriffsbestimmung von *eleos*, *phobos* und *katharsis* gehen.

15 | Aby Warburg unterscheidet zwischen »griechischer Pathosformel der Tragik und römischen Pathosformel des Triumphs« (Port 2005: 24-25). Pathos steht dann zugleich in Opposition zu Besonnenheit und der Distanzierung von Affekt.

16 | Die digitalen Welten des web 2.0 verschieben die klassischen Schemata von Produktion, Distribution und Konsum von Information, Nachricht, Content. User werden zu Produzenten, Distributoren und Konsumenten. Alvin Toffler (1980) hat in den 1980ern diesen Prozess mit dem Neologismus »prosumer« bezeichnet und damit das Verschwinden der Unterscheidung zwischen Produzent und Konsument angezeigt.

17 | In seiner brillanten Studie zeigt Taussig (1987), wie die koloniale Imagination den mythischen ›Wilden‹ schafft, ihn mit unheimlicher, dunkler Macht ausstattet, der mit unsäglicher Brutalität und Terror begegnet wird und die koloniale Situation zu nichts weniger als einem »space of death« wird.

18 | Die ursprüngliche Verwendung des Begriffs ›Bevölkerung‹ verweist auf die (Wieder-)Bevölkerung eines durch eine Katastrophe verwüsteten Gebiets (Foucault 2006: 104).

19 | Zum Gebrauch der Kriegs- und »Wasser-Metaphorik«, wie »*Strom, Zustrom, Welle, Flut, Schwemme, Überschwemmung, Überflutung, einschleusen, kanalisieren, eindämmen, Abschottung*«, Invasion und Ansturm im Kontext bundesrepublikanischer Migrationsdebatten, siehe Böke (2000: 131-34).

20 | Michel Serres (1982) sieht den Parasiten als Modell für die Geschichte menschlicher Beziehungen schlechthin und seine Perspektive steht im Dialog mit René Girards Analyse des Sündenbocks, des Opfers und des Heiligen (Brown 2002: 3). Serres schreibt zugleich den Hobbes'schen Krieg aller gegen alle um: Der Krieg ist nicht generalisiert, sondern vielmehr spezifisch auf den als Parasit identifizierten gerichtet, der als Sündenbock verjagt oder umgebracht werden darf (ebd. 2002: 24): »the parasite becomes an invader, a veritable tidal wave of tsunami power that sweeps any opposition aside [...]. When human society reaches a globalized state, the increasing extension of parasitic relations approaches such a monumental scale that it appears as something like a biblical ›evil‹. From small origins, global communication makes it possible to amplify random acts of parasitism beyond all imagination.« (Ebd. 2002: 24).

21 | Die eingesetzte Metaphorik (Einschleusung, Menschenhandel) hat Böke (2000: 135) analysiert. Deutlich zeigt sich auch die politische Bedeutung. Wurde ›Menschenschmuggel‹ aus der DDR als *Fluchthilfe* benannt, die Flucht aus dem unfreien Sozialismus in den freien Westen als unaufhaltsame Sehnsucht nach Freiheit und Demokratie umschrieben und kaum jemals mit ökonomischen Beweggründen in Verbindung gebracht, so wird diese Bezeichnung – kaum zufällig – nicht für aus den Diktaturen Afrikas Fliehende verwendet, werden diese doch als ›Wirtschaftsflüchtlinge‹ denunziert. Aus dem Sozialismus floh man mit Hilfe eines Fluchthelfers in die freie Demokratie des Westens, aus den (vom Westen unterstützten) Diktaturen flüchtet man keinesfalls in die Freiheit, sondern höchstens als Parasit des Wohlfahrtsstaates und dies mit Hilfe krimineller Schlepperbanden.

22 | Auch Renata Salecl stellt diese Beziehung her, wenn sie bemerkt, dass nach dem 11. September »both the human body and society itself appeared much more vulnerable again. What especially caused an overwhelming anxiety to emerge was the collapse of the fantasy structure that seemed to organize people's perception of the world and the emergence of two uncanny guests – terrorism and the virus.« (Salecl 2004: 6).

23 | Die entstehende Migrationsindustrie und ihre Migrationsmärkte waren lange Zeit ein blinder Fleck der Forschung, vgl. die Beiträge in Gammeltoft-Hansen/Nyberg-Sørensen (2013). Die millionenschwere private Migrationsindustrie und ihre politischen Klientele habe ich am Beispiel

Lampedusa aufgezeigt (Friese 2014: 164-195; Friese 2012b). Mittlerweile wird die italienische Hauptstadt von einem Skandal (*Mafia Capitale*) erschüttert, der Unterwelt, Unternehmer und Politiker verbindet und die Migrationsindustrie mit ihren Interessen auf dem Markt der Aufnahme von Migranten, Asylbewerbern, unbegleiteten Minderjährigen und der Unterbringung von Roma zum Zentrum hat. Die Migrationsindustrie, an dem die ›linke‹ *Legacoop* und praktisch alle Parteien partizipieren, ist ein nationales Phänomen. Das einträgliche Geschäft der Aufnahme von Migranten teilen sich die katholische Kooperativen mit denen der ›linken‹ *Legacoop* und ihren jeweiligen politischen Referenten.

24 | Italienische Küstenwache rettet 1.100 Flüchtlinge. Die Reise über das Mittelmeer ist die wichtigste Route nach Europa. Am Wochenende wurden in der Straße von Sizilien Dutzende Boote gestoppt. *Zeit Online*, 29.08.2016 (www.zeit.de/gesellschaft/zeitgeschehen/2016-08/mittelmeer-italien-fluechtlinge-kuestenwache-rettung, 29.08.2016).

25 | Der User gibt sich als Universalgelehrter: »Hobbies: Evolution, Menschwerdung, Paläontologie, Biologie, Zoologie, Anthropologie, Ethnologie, Archäologie, Geschichte, Verhaltensforschung, Soziologie, Psychologir, Psychiatrie, Kriminologie, Geschlechterforschung, Medizin, Edpidemologie, Ökonomie, Demographie, Genetik. Kurz und knapp: Der Mensch und sein Verhalten.« (2 Redaktionsempfehlungen). Die Usernamen wurden anonomysiert, Screenshots von den jeweiligen Seiten sind jedoch gesichert worden.

26 | Täuschen wir uns nicht, auch die akademische Rede wiederholt diese Bilder: »Man stelle sich folgende Entscheidungssituation vor: Das Oberhaupt eines orientalischen oder afrikanischen Familienverbandes trifft wie traditionell üblich sämtliche ökonomischen Investitionsentscheidungen [...]. Die Matriarchin (!, HF) möchte Vermögen und Wohlergehen ihres Familienverbandes maximieren [...]. Die letzte Entscheidung ist eine rationale Portfolio-Entscheidung«, so der Kieler Philosoph Konrad Ott (2016: 77). Der Schilderung der die afrikanische ›Matriarchin‹ angeblich beherrschenden Handlungslogik folgt der geniale Vorschlag zur Eindämmung der Anwesenheit von Schwarzen auf dem europäischen Kontinent auf dem Fuße: Durch Rückführungsabkommen mit den Eliten Afrikas soll das Risiko »ökonomischen Fehlschlags« (ebd. 2016: 77) erhöht werden und schon wird die afrikanische ›Matriarchin‹ in »Zukunft verstärkt im Inland investieren«, was natürlich für alle »besser« wäre, schon im Hinblick auf den *Braindrain* und die lokale Vorhaltung »reformerischer Kräfte«. Koloniale Vorstellungswelt trifft auf imaginäre Ethnographie des schwarzen Kontinents und auf »Verantwortungsethik«. Nebenbei, wir werden das noch näher sehen, zeigt sich hier auch eine Begründungsfigur konsequenzialistischer Moral, an der auch *rational-choice* Ansätze teilhaben, nach denen sich der Mensch nach rationaler, meist ökonomisch abgewägter Entscheidung über Kosten und Nutzen handelt.

27 |»LOBOS aims to bridge the gap between the research in Earth Observation and the operational set up envisaged in the concept of operation for Copernicus support to EUROSUR. The project will develop five ›low time critical‹ pre-operational services in the areas of port monitoring, coastal monitoring, reference mapping and updates, ambient change detection and punctual area third country monitoring.« (www.copernicus.eu/pages-principales/projects/other-gmes-projects/security/?no_cache=1&print=1, 05.03.2014).

28 | Die Gesamtkosten beliefen sich auf 669.134 Euro, die von der EU getragen wurden (http://cordis.europa.eu/project/rcn/86254_en.html, 22.08.2016).

29 | Die Projektbeschreibung ist zu finden unter www.youtube.com/v/ jpxZ24Daxlk, (22.08.2016). Ethische Aspekte – sie betreffen u.a. die Bewaffnung solcher Roboter, mögliche Unfälle oder Problematiken der Identifizierung – werden in dem Bericht reichermassen technisch abgehandelt und verschwinden in einem Gewirr von EU-üblichen Akronymen (http:// talos-border.eu/images/stories/ethical_aspects/TALOS_EIR_EIRD_EUAB-summary_F.pdf, 22.08.2016).

30 | Die Gesamtkosten beliefen sich auf 1.405.309,68 Euro, davon wurden von der EU 1.188.312,75 Euro getragen (http://cordis.europa.eu/project/rcn/95504_de.html, 22.08.2016).

31 | http://publications.jrc.ec.europa.eu/repository/bitstream/ JRC68160/lbna25183enn.pdf, 22.08.2016. Die Gesamtkosten der zwei Drohnentestflüge beliefen sich auf 2.7 Mio Euro (Behrens 2013: 24).

32 | Die Gesamtkosten betrugen 15.962.707,2 Euro, davon wurden von der EU 9.869.621,55 Euro getragen (http://cordis.europa.eu/project/ rcn/96259_de.html, 22.08.2016).

33 | Am Konsortium beteiligt waren: Armed Forces of Malta, Crabbe Consulting Ltd, Fraunhofer-Institut für Informations- und Bildverarbeitung, IITB Fugro OCEANORHSF spol.s.r.o., Instituto Canario de Ciencias Marinas, IQ Wireless, OBR Centrum Techniki Morskiej, Universidad de Las Palmas de Gran Canaria. Fehlschläge blieben offenbar nicht aus, Versuchsbojen sollen gesunken sein (Behrens 2013: 24).

34 | Die Gruppe entwickelt auch Sprachregelungen von Governance und liefert Lösungen für die nunmehr als zentral bestimmten Probleme moderner Gesellschaften: »Thales solutions secure the four key domains considered vital to modern societies: Government: National security, border surveillan-

ce, identity management & biometry etc.« (https://www.thalesgroup.com/
en/worldwide/security/security, 22.08.2016).

35 | Der psychoanalytische Blick sieht das nationalistische Phantasma
als »die Art und Weise« wie sich »Begehren rund um ein traumatisches Element« strukturiert, »das nicht symbolisiert werden kann«, so Renata Salecl
(1994: 13). Nationalismus beruht dann auf der Imagination eines Feindes,
»eines Fremden, der sich in unsere Gesellschaft eingeschlichen hat und uns
ständig mit seinen Verhaltensweisen, seinem Diskurs und seinen Ritualen
bedroht, die nicht von ›unserer Art‹ sind. Gleichgültig, was dieser Andere tut,
›er bedroht uns mit seiner Existenz‹« (ebd. 1994: 25).

36 | Ich nehme hier meine Bemerkungen auf (Friese 2014: 189-190).

37 | Paradoxerweise sind die individuelles Handeln aggregierenden Ma-
kroperspektiven der Migrationssoziologie, die ökonomische Asymmetrien
mechanisch in *push and pull*-Faktoren übersetzen und den rational handelnden *homo oeconomicus* postulieren, an diese Positionen angeschlossen.
Selbstverständlich muss an dieser Stelle sogleich gefragt werden, inwiefern
Vorstellungen von individueller Autonomie oder freiem Willen nicht ebenfalls
einer spezifischen diskursiven Tradition angehören und damit sogleich ein-
geschränkt werden müssen, wie dies etwa Sandro Mezzadra (2007, 2010)
deutlich macht. Einmal verlangt die kapitalistische Wirtschaftsweise Mobilität und zugleich soll sie vollständig kontrolliert werden. Der Begriff »relative
Autonomie« zeigt dann die Unmöglichkeit an, Mobilität vollständig regeln
zu können und verweist auf ein Widerstandspotential. Diese Diskussion
wird in Abschnitt ›Dissens: Mobilisierung und Konformismus‹ noch einmal
aufgenommen.

38 | Lilie Chouliaraki untersucht die »institutionellen, politischen und tech-
nologischen« Veränderungen der Kommunikation und der Modi, mit der humanitäre Organisationen das Leiden anderer darstellen. Wie sie deutlich macht,
ist die »Begegnung mit der Verletzbarkeit« mittlerweile der Logik des Marktes,
des *branding* und der Verkaufstechnologien unterstellt (2014: 24, 26).

39 | Erinnert sei hier an Abrahams Opfer des Sohnes, das dann durch das
Schafsopfer ersetzt wird und nicht zufällig opferte man einst den Gästen ein
Schaf. Die Figur des Sündenbocks hat René Girard (1990) einer umfassen-
den Analyse unterzogen.

40 | Das Bild des Somaliers ist offenbar gewandert. Falk hat das Photo von
der *European Pressphoto Agency* (EPA) übernommen, die das Bild ausge-
wählt und ihm die Unterschrift gegeben hat: »The caption reads: ›In the early
hours of Monday 20 October 2003 Carabinieri assist a severely dehydrated
and starving immigrant Somali man as he is brought to Lampedusa island
harbour – an island midway between Tunisia and Sicily. Coastguards counted

13 dead bodies on the wooden vessel when it was spotted last night off the island.‹« (Falk 2010: 88). Mir hat das Bild freundlicherweise der Leiter der 7a Squadriglia der Küstenwache auf Lampedusa, M. Niosi zur Verfügung gestellt, der 2007 die Rettungseinsätze auf Lampedusa leitete. Seine Bildserie zeigt auch die auf dem Boot gefundenen Leichen, deren Anblick der Öffentlichkeit nicht zugemutet wurden.

41 | Das *Visual Social Media Lab* widmet sich der Analyse und des Einflusses von Bildern in sozialen Medien. Das Lab hat auch die Verbreitung des Bildes von Alan Kurdi untersucht (Vis/Goriunova, 2015; D'Orazio 2015, http://visualsocialmedialab.org/projects/the-iconic-image-on-social-media, 03.09.2016). Während zwischen dem 18.08 und dem 01.09.2015 12.7 Millionen Tweeds das Wort Migrant oder Flüchtling (refugee) enthielten, so stieg diese Zahl ab dem 02. September – also nach der globalen Verbreitung des Bildes – bis zum 21. August 2016 auf 50.4 Millionen an (vgl. www.pulsarplatform.com/blog/2016/journey-of-an-image-one- year-on/, 03.09.2016) und hat das Bild weltweite Verbreitung gefunden (hashtag https://twitter.com/search?q= %23HumanityWashedAshore&src=typd), wurde von u.a. von *Huffington Post*, *Buzz Feed* und *Bored Panda* aufgenommen und hat die Produktion weiterer Bilder angeregt (siehe Artists Around The World Respond To Tragic Death Of 3-Year-Old Syrian Refugee, www.boredpanda.com/syrian-boy-drowned-mediterranean-tragedy-artists-respond-aylan-kurdi/, 03.09.2016). Die Wirkung des Bildes im im Hinblick auf eine Änderung der Mobilitätspolitiken jedoch unerheblich geblieben, sind aufgrund europäischer Politiken im letzten Jahr doch deutlich mehr Menschen, auch und gerade Kinder, im Mittelmeer umgekommen als im Jahr zuvor.

42 | In diesem Sinne bezeugen die weißen Helfer_innen nicht nur koloniale Schuld (vgl. Prashad 2002), sondern haben Anteil an postkolonial-parasitären Beziehungen.

43 | Terre des Hommes torna a Lampedusa per offrire un supporto psicologico e psicosociale ai minori migranti e alle famiglie con bambini, 2013 (http://terredeshommes.it/comunicati/terre-des-hommes-torna-a-lampe...co-e-psicosociale-ai-minori-migranti-e-alle-famiglie-con-bambini/, 01.03.2014).

44 | In einer offiziellen Note an die EU beklagten Reeder und Gewerkschaften im April 2015, dass Cargo-Schiffe zunehmend in SAR-Operationen verwickelt sind. »Merchant ships rescued around 40,000 people last year and this number is predicted to increase dramatically. The shipping industry fully accepts its legal responsibility to rescue anyone in distress at sea, but argues it is unacceptable that the international community is increasingly relying on merchant ships and their crews to undertake more and more large-scale rescues« (www.ecsa.eu/9-latest-news/196-a-memorable-farewell-party-for-ecsa-s-former-secretary-general-alfons-guinier-2, 09.04.2015).

45 | Die *Mission Lifeline* ist derzeit auf Spendensuche für ein Schiff. Initiator ist Axel Steier, 40 Jahre, Rettungsassistent und Soziologe, der erklärt »was soll ich meinen Kindern sagen, wenn sie mich fragen, was ich unternommen habe. Und in den Spiegel könnte ich auch nicht mehr schauen«. Mitgründer ist Sascha Pietsch »28 Jahre, Tischler und Techniker für Holztechnik.« Seine Motivation: »Wenn Du einem einzelnen Menschen wirklich helfen konntest, dann gibt es Dir den Willen, dies immer wieder zu tun!« (www. seenotrettung.info/geschichte, 19.01.2017).

46 | Gesponsert wird u.a. von der Saxo Bank und Imperial Tobacco.

47 | Vgl. das Tradable Refugee-Admission Quota System, TRAQS, Rapoport 2015.

48 | Das Unternehmen stellte sich auf folgender Webseite vor (www. christophercatrambone.com/about-tangiers-group/, 17.05.2015). Die Firma Schiebel präsentiert sich auch auf twitter (https://twitter.com/cpcatrambone, 17.05.2015).

49 | »Die Programmchefs des rbb haben kritisiert, dass ihr Reporter Hölzen seine Live- Berichterstattung beenden musste. Oliver Jarasch, der Chef der Sendung Brandenburg aktuell, sagt: ›Wir dachten, allen Beteiligten ist klar, was unabhängige Berichterstattung bedeutet.‹ Der rbb schwingt die Keule der Pressefreiheit. Das finden wir unberechtigt. Der rbb wollte eine Live-Berichterstattung, die kein humanitäres Projekt auf der ganzen Welt zulassen würde. Wir müssen uns einfach auch mal Schwächen leisten können, ohne dass sie anschließend im Radio übertragen werden.« (Hahn 2015).

50 | »Höppner sagt, wegschauen sei keine Alternative. Es sei eben ›etwas für ganz harte Kerle‹. Er vertraue darauf, dass alles gutgehe. Ein leises Fragezeichen aber schwingt doch mit in seiner Stimme. Er sagt: ›Für alle Fälle haben wir uns schon einen Psychotherapeuten besorgt.‹« (Hildebrandt 2015). Jeder Prominente hat das Recht auf eine *Home Story*, so zeigt Vox die zurückgebliebene Gattin des seefahrenden Helden beim Blumenschneiden im heimischen Garten im Brandenburgischen.

51 | Auch eine Dokumentation der RAI, die Catia Pellegrino, Komandantin eines Einsatzschiffes während der Mission *Mare Nostrum* im Kanal von Sizilien portraitiert, verzichtet nicht auf die hautnahe filmische Darstellung eines Einsatzes (*La scelta di Catia. 80 miglia a sud di Lampedusa* (Rai Fiction und Corriere TV, www.youtube.com/watch?v=nKfbDLG5-qk, 10.04.2014). Die zwei Minuten lang gezeigte Szene, zu sehen sind die um das Leben kämpfende Menschen, zu hören sind Motorengeräusche und vor allem die Schreie der Ertrinkenden (4':04"-6':33"), ist tatsächlich schwer erträglich und läßt den Zuschauer unweigerlich zum Voyeur werden. Sie offenbart auch den uneinholbaren Abstand zwischen Erfahrung, einer Form gemeinsamen Wissens und der Erzählung des Geschehens: »Wir wissen das«, sagt Pellegrino, »wir müssen uns das nicht erzählen, wir waren ja alle dabei.« Auch die italienische *Guardia Costiera*, die *Guardia di Finanza* und die *Marina Militare* stellen mittlerweile Rettungsvideos ins Netz.

51 | Philippe Mesnard (2004) macht diese Zusammenhänge deutlich. Tatsächlich hat MSF 1999 das *Centre de réflexion sur l'action et les savoirs humanitaires* (CRASH) gegründet, das sich der kritischen Reflexion humanitären Einsatzes widmet. MSF, gegründet im Jahr 1971, war durchaus von der politischen Dritte-Welt-Bewegung inspiriert.

53 | Es geht mir hier keinesfalls um die »anti-trafficking« oder »anti-anti-trafficking« Position, die derzeitige feministische Debatten um Menschenhandel in der Sexindistrie beherrscht (Laviosa 2010: XXX). Festzuhalten bleibt, dass verstärkte Grenzkontrollen durch den Hinweis auf die weiblichen Opfer von Menschenhändlern und Schleusern legtimiert werden sollen. Die Rolle der *International Organization for Migration* (IOM) und von NGOs ist u.a. von Andrijasevic (2007) und Sharma (2005) aufgezeigt worden. Vgl. in diesem Kontext auch do Mar Castro Varela/Dhawan 2016).

54 | Dieser Blick korrespondiert mit der Trennung von öffentlicher und privater Sphäre in der politischen Theorie, die weibliche Fürsorge dem Privaten zugerechnet und daher weitgehend unsichtbar gemacht hat.

55 | Die Diskussion der Rettungsindustrie und die Rolle der Medien ist u.a. von Vijeyarasa (2015: 31-4 und 34-39) aufgenommen worden: »[F]eminist academics, governments NGOs and related groups involved in raids and rescue, the UN, inter-governmental organization, donors and the media identify, promote and amplify the attention given to various ›causes‹ assumed to link with human trafficking, the moral panic of governments towards sex work and the demands from abolitionists for the criminalization of prostitution endorse the idea that prostitution and the underlying problem of gender equality are to blame for trafficking.« (Ebd. 2015: 39)

56 | Council of the European Union, Malta Declaration by the members of the European Council on the external aspects of migration: addressing the Central Mediterranean route. 03.02.2017, Pressrelease 43/17. Der Valletta Action Plan sichert kooperierenden Staaten erhebliche Summen zu: »the European Union is strengthening the mainstreaming of migration within its Official Development Assistance for Africa, which amounts to €31 billion during this financial period. Some of the actions [...] can be funded within projects already under way, notably projects funded by the EU Trust Fund for Africa as appropriate, which mobilises €1,8 billion from the EU budget and €152 million from Member States' contributions. To cover the most urgent funding needs now and throughout 2017, we welcome the Commission's decision to mobilise as a first step an additional €200 million for the North Africa window of the Fund and to give priority to migration-related projects concerning Libya.« (www.consilium.europa.eu/en/press/press-releases/2017/01/03-malta-declaration/, 03.02.2017).

57 | »[...] I will suggest to Member States that we change the name of our Operation: instead of calling it EUNAVFOR MED, I suggest we use the name: Sophia. To honour the lives of the people we are saving, the lives of people we want to protect, and to pass the message to the world that fighting the smugglers and the criminal networks is a way of protecting human life.« (European Union Naval Force – Mediterranean Operation Sophia, Factsheet, Update: 1 July 2016 (www.eeas.europa.eu/csdp/missions-and-operations/eunavfor-med/pdf/factsheet_eunavfor_med_en.pdf, 17.08.2016).

58 | Vgl. Ministro degli affari esteri, Visconti Venosta, presidente del Consiglio dei ministri, ministro dell'interno, Rudinì, ministro delle finanze, Branca, ministro del tesoro, Luzzatti, ministro della marina, Brin. »Convenzione con la Società anonima commerciale italiana del Benadir (Somalia Italiana) per la concessione della gestione delle città e dei territori del Benadir e del rispettivo hinterland«, 24.01.1898 – 24.06.1898, volume 667, 207-329 cc. (123 cc.), (http://archivio.camera.it/patrimonio/archivio_della_camera _regia_1848_1943/are01o/documento/CD1100055433, 17.08.2016).

59 | *Il Corriere Filatelico* vom Juli 1932-X gibt einen großartigen Überblick über die Entstehung der Kolonie und die bestehenden Kommunikationswege (www.ilpostalista.it/PDF/2015somalia.pdf, 17.08.2016).

60 | Die Begründung des *Time Magazins*, die Bundeskanzlerin zur Person des Jahres zu küren, nimmt die bekannten Figuren auf, denn: »Merkel habe Flüchtlinge eher als *Opfer* gesehen, die Hilfe brauchen, denn als *Invasoren*, die man abwehren muss« (Time kürt Merkel zur Person des Jahres. www.sueddeutsche.de/politik/ehrung-time-magazin-ernennt-merkel-zur-person-des-jahres-1.2775180, 09.12.2015, Herv. HF).

61 | Kanzlerin Merkel unterstrich zudem, »dass der ›Sophia‹-Einsatz für ›das humanitäre Engagement der Union, aber auch für den Kampf gegen die Schlepper‹ stehe, das sei eine ›ganz große Aufgabe‹«. (*Die Welt*, www.welt.de/politik/ausland/article157812260/Der-merkwuerdig-stille-Gipfel-von-Merkel-Hollande-und-Renzi.html, 23.08.2016).

62 | Ich greife hier auf meine Bemerkungen zurück (Friese 2014: 189-190).

63 | Lampedusa ist überall, Refugee Struggle for Freedom (http://refugeestruggle.org/de/solidarity/lampedusa-ist-ueberall, 12.03.2014, Herv. HF). Eine nähere Untersuchung der Semantiken jüngster Bewegungen wäre in der Tat lohnenswert, kann an dieser Stelle jedoch nicht geleistet werden.

64 | Das Photo begleitet den Bericht von Michael Stürzenhofecker, »Berlin muss Vereinbarung mit Asylbewerbern einhalten.« *Die Zeit*, 06.11.2014, (www.zeit.de/gesellschaft/zeitgeschehen/2014-11/fluechtling-asyl-oranien platz-berlin, 12.11.2014).

65 | So hat Felix Hoffmann (2017) in seiner Dissertation über die Alltagsstrategien von Illegalisierten in Alméria gezeigt, dass diese, fern davon von revolutionärem Impetus oder dem Willen zum Sturz des Systems beseelt zu sein, ihre Strategien an einer zu erreichenden Normalisierung ausrichten und Anpassung, nicht Auflehnung sich als erfolgversprechend erweisen.

66 | An anderer Stelle habe ich diese ausführlicher adressiert (Friese 2014: 181-201).

67 | Zur sozialen Imagination nordafrikanischer *harragas*, vgl. Friese (2012a).

68 | Nun hat die wirtschaftliche Ordnung ja schon lang den Konkurrenzkampf aller gegen alle eingerichtet und kann sich Gemeinsamkeit bestenfalls in diesem herstellen und erkennen. Nicht umsonst sind Selbstoptimierung und ›Kompetenz‹ zu Imperativen individuellen Erfolgs auf dem Markt geworden.

69 | Politik ist zum einem die »Sanktionierung und Erhaltung des Ungleichgewichts der Kräfte, wie es sich im Krieg manifestiert« (Foucault 2001: 32), zum andern dürfen im Inneren des »zivilen Friedens [...] die in einem politischen System stattfindenden Kämpfe in Bezug auf die Macht [...] nur als Fortsetzung des Kriegs gedeutet werden« (2001: 33). Zu *stasis* und Bürgerkrieg, vgl. Agamben (2015).

70 | Das *Deutsche Wörterbuch* weiter: »Es ist freilich [...] ein köstlich gut werk, spital stiften [...] (aber) jenes spitals genieszen wenig leute und zuweilen falsche böse buben unter bettlers namen. aber dis spital (fürstenstiftungen wie er sie sich denkt) bekomet allein den rechten armen, als widwen, waisen, gesten, und andern verlasznen leuten. Luther 5, 152b, es sind elende im ursprünglichen sinne, [...] und gasthaus als hospital, vgl. das sprichwort der arm gast ist gots kast (vorher es ist gesäet, was man armen gibt) Frank 1, 118a, arme gäste sendet uns gott zu Simr. 3055 (daher arme auch gotes vriunde pass. H. 376, 89, gotes arme), mit derselben vorstellung wie in Homers Ζευς ξείνιος« (Grimm/Grimm 1971).

71 | »Referring to both this ever-presence and the phantomlike world of race in general«, so Mbembé weiter, »Arendt locates their roots in the shattering experience of otherness and suggests that the politics of race is ultimately linked to the politics of death. Indeed, in Foucault's terms, racism is above all a technology aimed at permitting the exercise of biopower, ›that old sovereign right of death.‹ In the economy of biopower, the function of racism is to regulate the distribution of death and to make possible the murderous functions of the state. It is, he says, ›the condition for the acceptability of putting to death.‹« (2003: 17).

72 | Malik (1996) hat die historischen Zusammenhänge zwischen den Begriffen Rasse und Kultur und deren Theoretisierungen überzeugend nachgezeichnet.

73 | Dem ›wilden‹, dem farbigen Körper mussten westliche Zivilisation, Glaube, Vernunft, Kultur und rechte Lebensweise eingebläut und in Körper und Seele verankert werden, heute wird der Andere nicht minder zum Objekt von Belehrung und pädagogischer Anstrengung, die sich mittlerweile ›kultursensibel‹ zu geben hat, nicht selten zwischen geforderter Akkulturation und Assimilation schwankt und sich an den Paradigmen von Integration orientiert.

74 | Am 21. und 22. November 2015 veranstaltete das *Institut für Staatspolitik* einen Kongreß zum Thema »Ansturm auf Europa«. Die Festrede hielt der thüringische AfD-Fraktionsvorsitzende Björn Höcke, der auf die »Fortpflanzungsstrategien« der Afrikaner hinwies. Die Rede ist zu finden unter https://www.youtube.com/watch?v=ezTw3ORSqIQ, veröffentlicht am 12.12.2015, am 30.01.2017 hatte sie immerhin 24.117 Aufrufe.

75 | Auch der akademische Arm des Populismus, dem nun freilich eher an einem elitären Modell gelegen ist, von dem nicht eingeweihte Volksmasse im Sinne der *arcana imperii* nichts weiß, wie das Fußvolk der Bewegung von hegelschem »Weltgeist« ebenso wenig gehört hat, wie von seinen »retardierenden Momenten« (Jongen 2016) und der zur Distinktion dann National-Konservatismus genannt wird, zieht mit der von Arnold Gehlen verachteten (weiblichen) Hypermoral, für männlichen Schneid und Tugend, männliche Entscheidung und gegen eine mächtige Frau (nicht zufällig als ›Mutti‹ verniedlicht) ins herbeigesehnte Schlachtfeld, wenn im »postheroischen Zeitalter« (Münkler) schon keine Stahlgewitter mehr von wahrer Manneskraft und schnarrend-schneidiger Tugend zeugen dürfen. Die Vertreter einer antimodernen Moderne predigen ›Leitkultur‹ oder gar »Sockelkultur« (Jongen 2016) und wünschen sich ein männlich-heroisches Zeitalter herbei, das liberaler Knechtschaft endlich völkisch-nationale Barrikaden entgegenstellt. Die Frage nach einer Neuauflage des Denkens von Leo Strauss (1975) kann hier nicht beantwortet werden. Auch der Frage, ob seine Unterscheidung zwischen »exoterischer« Bedeutung von Wissen (das den Menschen deutlich werden kann) und der »esoterischen« Bedeutung (dem verborgenen Sinn, dem Geheimnis von Ordnung und Herrschaft, das als *arcana imperii* verborgen bleiben muss) in die aktuelle politische Praxis umgesetzt werden soll, kann nicht weiter nachgegangen werden.

76 | So zeigt die abrufbare Empörung über Angriffe auf die *eigenen* Frauen, das heilige Kollektivgut, eigentlich eine a-symmetrische Anordnung, in der Frauen der Sphäre des Heiligen (Jungfrau Maria) zuzuordnen sind (wie Frauen als *haram* gelten). Die einhellige Empörung verweist dann kaum auf weibliche Autonomie, genau diese wird ja in der Vergewaltigungssprache negiert, sondern auf grundlegende Spannungen der Geschlechterhierarchien, ist der Angriff auf die Frauen der Anderen dann doch ein Angriff auf das Heilige. Im Angriff auf Frauen beziehen sich Männer auf Männer, zeigen sich Potenz und Impotenz doch im Hinblick auf die Fähigkeit, das Heilige zu schützen und den Reproduktionsmarkt zu kontrollieren.

77 | Nicht nur Sen (1999) hat diese Ansätze kritisiert.

78 | In den USA gab es diese bis in die zweite Hälfte des 19. Jahrhunderts. Die einstigen Handelsplätze für Sklaven in den Städten des Südens werden nur langsam dem Vergessen entrissen (Gan 2015). Auch damals richtete sich der Marktpreis nach den ›desirables‹ und den ›less desirables‹ auf dem Markt und der Art und Weise, wie Arbeitskräfte eingesetzt wurden und welche Nachfrage nach den von ihnen jeweils produzierten Produkten, Services, Gütern (Tabak, Baumwolle) oder im Fall von weiblichen Sklaven, nach weiteren Sklaven bestand. Zu harter Arbeit fähige junge Männer kosteten daher mehr als Frauen im gebärfähigen Alter. Kranke, Alte und Kinder waren kaum zu verkaufen, lagen die Kosten ihres Unterhalts doch höher als der zukünftig zu erwartende Ertrag ihrer Arbeitskraft (Williamson/Cain 2016). Die Kriterien der sich lohnenden Investition in die durch Alter, Geschlecht, Fähigkeiten bestimmte Arbeitskraft haben sich, so scheint es, kaum geändert.

79 | »Zum Helden kann nur werden«, bemerkt Herfried Münkler, »wer bereit ist, Opfer zu bringen, eingeschlossen das größte, das des Lebens. Für diese Bereitschaft zum Opfer wird dem Helden Anerkennung und Ehre zuteil. Die durch das Opfer des Helden vor Unheil oder Niederlagen bewahrte Gemeinschaft dankt ihm dies mit Prestige zu Lebzeiten und ehrenhaftem Andenken [...]. So sind Held und Gesellschaft durch die Vorstellung des rettenden und schützenden Opfers miteinander verbunden.« (2007: 742).

80 | Arendt beschäftigt die Situation von ›Staatenlosen‹ und *displaced persons*. Die Situation der heutigen Flüchtenden und Migranten unterscheidet sich daher – sind sie doch nicht der Rechte verlustig gegangen, die nationale Staatsbürgerschaft zumindest theoretisch sichern könnte. Dennoch teilen sie eine Gemeinsamkeit, die in der Forderung nach Abschiebung illegalisierter Einwanderer sich ausdrückt und »Repatriierung, Rückverweisung in ein ›Heimatland‹« bedeutet, »das entweder den Repatriierten nicht haben und als Staatsbürger nicht anerkennen will oder das umgekehrt ihn nur allzu dringend zurück wünscht, nämlich zum Zwecke des Strafvollzugs« (Arendt 1949: 755).

81 | Menke (2016) argumentiert ähnlich. Vgl. Friese 2014: 87, 99.

82 | Staatsbürgerschaft kann in dieser Fassung dann nicht länger als formale Mitgliedschaft in einem (territorialen) Nationalstaat verstanden werden, sondern umfasst »actors, sites, scales and acts: The actors of citizenship are not necessarily those who hold the status of citizenship. If we understand citizenship as an instituted subject-position, it can be performed or enacted by various categories of subjects including aliens, migrants, refugees, states, courts and so on.« Dementsprechend ist das Politische »not limited to an already constituted territory or its legal ›subjects‹: *it always exceeds* them. Citizenship as subjectivity enacts that conception of the political. Thus, the actors of citizenship cannot be defined in advance of the analysis of a given site and scale, which are its other central categories.« (Isin 2009: 370). Siehe Friese (2014: 213-216).

83 | Auch Wissenschaft soll an der Bewegung partizipieren, »militant investigation« ist ein Teil politischer Handlung, des Widerstands, einer »joyful insurgency« und der sie »konstituierenden Macht der Imagination« (Shukaitis/Graeber (2007: 11); vgl. auch Garelli/Tazzioli (2013) und Gray (2016).

84 | Siehe Lorenz von Steins *Geschichte der socialen Bewegung Frankreichs von 1789 bis auf unsere Tage* aus dem Jahr 1850 (https://archive.org/details/geschichtederso01steigoog, 30.01.2017).

85 | »Immigrant protests are ›acts‹ against the exclusionary technologies of citizenship, which aim to make visible the violence of citizenship as regimes of control. However, in order to effect material changes, protesters are compelled to make their demands in the idiom of the regime of citizenship they are contesting.« Dieses Paradox gilt auch für multikulturelle Gesellschaften und Integrationsdiskurse, die letztlich die Exklusionsmechanismen befördern, gegen die der Protest sich doch richtet (Nyers 2015: 31).

86 | Damit wird eine Geste wiederholt, die im Anschluss an Antonio Gramsci beinahe jegliche Artikulation subalternen Lebens nur als Widerstand gegen Hegemonie sehen konnte. Vgl. auch die Darstellungen der »sichtbaren« und »unsichtbaren Kämpfe« der Refugees auf dem Berliner Oranienplatz (Wilcke/Lambert 2015).

87 | In dieser Überlieferung machen Dichter, Denker und Philosophen sich auf, verlassen das lähmende Bekannte, lassen sichere Ufer hinter sich. Neugier fordert Bewegung, sie verspricht Abenteuer und Freiheit, Denker werden zu ortlosen Nomaden. Kaum zufällig wird die Odyssee bei Max Horkheimer und Theodor W. Adorno zum »Grundtext der europäischen Zivilisation«

(1977: 63), eine Odyssee, die nicht nur die Ablösung vom Mythos bekräftigt, sondern, wie sie formulieren, »insgesamt Zeugnis« (ebd. 1977: 61) von der *Dialektik der Aufklärung* ablegt. Bewegung, Beweglichkeit und Kosmopolitismus stehen für Freiheit und die Zerstörung lähmender und schaler Sicherheiten. Mit dem Abschied von Gewohntem und in der Erschütterung des Gewohnten gewinnt man Distanz zum Altbekannten, die das »Selbst aus der Bahn seiner Logik herausziehen« (ebd. 1977: 64). Bewegung hat dann etwas Subversives: Noch die heutigen Nomadologien, wie sie etwa von Gilles Deleuze und Felix Guattari oder Vilém Flusser vorgeschlagen werden, verweisen auf Ortswechsel und einen offenen Raum, »a nomad space without property or enclosure‹, a call ›from the outside‹« (Deleuze 2004: 145). Friese/Mezzadra 2010: 300-301).

88 | An dieser Stelle könnte gefragt werden, ob der Geflüchtete als Heros und Befreier nicht auch einer parasitären Logik eingeschrieben ist.

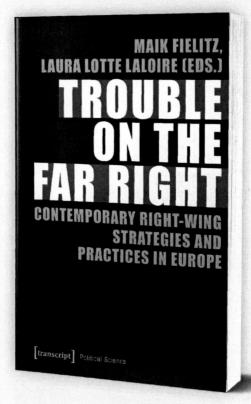